LECCIONES DE LA SENZALA

MARIA NAZARETH DÓRIA

Por el Espíritu
LUÍS FERNANDO

J.Thomas Saldias, MSc.
Trujillo, Perú, Enero, 2024

Título Original en Portugués:

"Lições da Senzala"

© María Nazareth Dória, 2006

Traducido de la Edición Portuguesa de Mayo 2006

World Spiritist Institute
Houston, Texas, USA
E-mail: contact@worldspiritistinstitute.org

Sobre la Médium:

La médium Maria Nazareth Dória nació el 28 de febrero en Canhoba, en el interior del estado de Sergipe, más precisamente en una aldea indígena. Allí permaneció hasta los 9 años, cuando se matriculó en un internado de monjas en la capital, Aracaju, completando sus estudios hasta la escuela secundaria.

A los 17 años, se casó y se mudó a São Paulo. Tuvo dos hijas. Durante este período, continuó sus estudios y comenzó su carrera profesional, trabajando durante 30 años, de los cuales 22 años trabajó como empleada de Petrobras, compañía en la cual se jubiló.

La mediumnidad de Maria Nazareth Dória se manifestó desde una edad temprana, alrededor de los 7 años. Como descendiente de indios, Nazareth siempre fue orientada sobre la existencia de la vida espiritual y la importancia de la naturaleza en nuestras vidas, especialmente en el campo de la medicina alternativa. Gracias a este aprendizaje, Maria Nazareth Dória se ha dedicado hoy exclusivamente a actividades espirituales y a la investigación de plantas medicinales, obteniendo excelentes resultados alternativos con esencias naturales.

Ella ha sido fundadora y directora de una institución sin fines de lucro hace más de 20 años, sirviendo y guiando a cientos de personas (incluidos jóvenes), con el apoyo de médicos, dentistas, abogados, enfermeras, psicólogos y maestros. La asistencia a la población necesitada se extiende en varias áreas, desde el apoyo a las necesidades básicas de la familia hasta el trabajo de afirmar la ciudadanía de quienes viven al margen de la sociedad.

Además de las actividades filantrópicas, Maria Nazareth Dória ha impartido cursos y conferencias sobre la Doctrina Espírita y ha ejercido su mediumnidad durante más de 30 años, psicografiando varias novelas sobre el mundo espiritual, mensajes de autoayuda y pensamientos espirituales, especialmente desde la perspectiva de la Ley de Acción y La reacción, uno de los pilares básicos de las enseñanzas traídas por amigos de más allá que trabajan con la médium.

Del Traductor

Jesus Thomas Saldias, MSc., nació en Trujillo, Perú.

Desde los años 80's conoció la doctrina espírita gracias a su estadía en Brasil donde tuvo oportunidad de interactuar a través de médiums con el Dr. Napoleón Rodriguez Laureano, quien se convirtió en su mentor y guía espiritual.

Posteriormente se mudó al Estado de Texas, en los Estados Unidos y se graduó en la carrera de Zootecnia en la Universidad de Texas A&M. Obtuvo también su Maestría en Ciencias de Fauna Silvestre siguiendo sus estudios de Doctorado en la misma universidad.

Terminada su carrera académica, estableció la empresa *Global Specialized Consultants LLC* a través de la cual promovió el Uso Sostenible de Recursos Naturales a través de Latino América y luego fue partícipe de la formación del **World Spiritist Institute**, registrado en el Estado de Texas como una ONG sin fines de lucro con la finalidad de promover la divulgación de la doctrina espírita.

Actualmente se encuentra trabajando desde Perú en la traducción de libros de varios médiums y espíritus del portugués al español, habiendo traducido más de 290 títulos, así como conduciendo el programa "La Hora de los Espíritus."

Índice

- CAPÍTULO I 8
  - MI FAMILIA 8
- CAPÍTULO II 14
  - EL ÚLTIMO BESO DE LA MADRE 14
- CAPÍTULO III 18
  - BARCO DE ESCLAVOS 18
- CAPÍTULO IV 23
  - SEPARACIÓN 23
- CAPÍTULO V 26
  - ADIÓS, PADRE MÍO 26
- CAPÍTULO VI 32
  - LA JUVENTUD 32
- CAPÍTULO VII 35
  - UNA PRUEBA DOLOROSA 35
- CAPÍTULO VIII 41
  - LA REFORMA 41
- CAPÍTULO IX 50
  - LA CAMA MALDITA 50
- CAPÍTULO X 61
  - EL PRECIO DE UNA VIDA 61
- CAPÍTULO XI 66
  - LA NUEVA GENERACIÓN 66
- CAPÍTULO XII 77
  - EL ENCUENTRO 77
- CAPÍTULO XIII 88
  - LA CONFESIÓN 88

CAPÍTULO XIV 99
   LA SORPRESA 99
CAPÍTULO XV 111
   LA MUDANZA 111
CAPÍTULO XVI 126
   EL GRAN VIAJE 126
CAPÍTULO XVII 137
   MI NUEVA FAMILIA 137
CAPÍTULO XVIII 157
   LA ESPERA 157
CAPÍTULO XIX 176
   EL TIEMPO PASÓ… 176
CAPÍTULO XX 185
   EL REGRESO 185
CAPÍTULO XXI 195
   ALEGRÍA 195
CAPÍTULO XXII 216
   LA RECOMPENSA 216

CAPÍTULO I
MI FAMILIA

¡En las noches de luna, la naturaleza embellecía nuestro pueblo! En la fresca brisa nocturna, las palmeras mecían sus hojas formando extrañas figuras; y los niños inventaron mil un juegos. ¡Fue una semana de celebración para mi gente! Adorábamos y respetábamos a la Luna como a una diosa. Su luz suave y fría invitaba a la calidez y al amor. ¡Luna, eterna diosa del amor y la fertilidad!

Fueron noches hermosas e inolvidables en las que nuestros padres, abuelos y tíos se reunían para discutir y planificar el destino de nuestro pueblo. Mientras hablaban, preparaban tabaco para sus pipas de paja y cigarrillos. Las mujeres asaron patatas, hicieron palomitas de maíz, llenaron comederos y coladores con paja; los hombres bebieron el aguardiente preparado en nuestro pueblo; nosotros, los niños, lamíamos a escondidas las calabazas y encendíamos las pipas de nuestros abuelos, aprovechando para fumar y jugar.

El afluente de un río claro bañaba nuestro pueblo angoleño, garantizándonos una vida abundante, con muchos peces y, en los bosques, mucha caza. Allí no había hambre, porque donde hay agua no hay miseria. Madre-África, fauna, flora y niños, riqueza y encanto natural. Pueblo paraíso, ¡un pedacito de mundo de admirable belleza!

Hay regiones donde los hombres siguen luchando, sufriendo y muriendo de hambre, de falta de educación, de salud, de pobreza y, sobre todo, de desamor. En África, la continua fuerza de voluntad de sus hijos es un verdadero testimonio de vida.

En nuestro pueblo cultivábamos algodón, maíz, frijoles, mandioca, tabaco, maní, arroz, batatas, ñame y otras plantas. Teníamos frutas y verduras todo el año; criábamos gallinas, cerdos, caballos, cabras y ganado vacuno.

Las mujeres hilaban y tejían nuestra ropa, ayudaban a los hombres a plantar, cosechar e inventar y preparar todo lo que usábamos en el pueblo.

Recuerdo, como si fuera ayer, cómo las niñas se vestían y adornaban con colores alegres. Dientes fuertes, blancos y perfectos. ¡Qué hermosas y saludables estaban!

Amamantaban a todos los niños del pueblo, y todas estas mujeres eran nuestras madres de leche; era común que ofrecieran leche a todos los "niños lactantes"; es decir, a los niños que todavía estaban amamantando. Ningún niño buscó el pecho de una madre soltera; y esta parte del cuerpo de la mujer era sagrada, venerada y respetada como la verdadera fuente de vida.

Nuestros abuelos, padres y tíos asumieron roles en la comunidad, tales como: curanderos, cazadores, pescadores, zapateros, herreros, domadores de animales, albañiles, cerrajeros, consejeros, trabajadores de viñas, costureras, bordadoras, etc. Todos trabajaron contribuyendo al sustento del pueblo y enseñaron todos los secretos y habilidades a los más jóvenes.

Nuestras casas fueron construidas por especialistas del propio pueblo. Construidas con madera, enredaderas y barro, recubiertas con paja seleccionada, resistieron lluvias y tormentas sin poner en riesgo nuestras vidas. Dormíamos en hamacas, petates y camas hechas con madera de nuestro bosque, y las cacerolas, platos, ollas y sartenes eran de barro elegido por los más experimentados; los niños aprendieron a trabajar con arcilla, haciendo juguetes. De hecho, nuestros abuelos hacían hermosos juguetes con madera, cuerda, paja, tela y arcilla.

Mi padre construía canoas, morteros, abrevaderos, muebles, carretas, carros de bueyes, tambores, panderetas, guitarras y diversos utensilios de madera. Él mismo salió al bosque a elegir la pieza. A veces iba y me gustaba observar los pájaros, las serpientes, las mariposas y muchos otros animales. Me asombró la naturaleza única de cada uno; contemplaba la naturaleza en su pluralidad y esplendor. Y cuando regresábamos, siempre le traía algo nuevo a mi madre.

Un día, mientras mi padre escogía y cortaba el tronco de un árbol para hacer un mortero comunitario, sin quitar la vista de la naturaleza, seguí otro camino. Impulsado por la curiosidad, me alejé hasta llegar a un lugar cerrado, oscuro y hasta entonces desconocido. ¡Hermoso día y gran descubrimiento!

Entre los troncos de los árboles secos, en nidos bien construidos, se encontraba la colonia de los buitres. Algunos cachorros son blancos como copos de algodón; otros, con manchas negras.

En el movimiento de mi mirada curiosa, mis ojos a veces se elevaban hacia los buitres que sobrevolaban, y otras intentaban descifrar lo que había allí, justo al pie de los árboles. Algo se mezcló con las heces de los buitres. Me acerqué y toqué esa extraña y pequeña fruta, una especie de coco como nunca antes había visto. Empecé a recogerlos, llenando mi mochila de piel de liebre, cuando escuché el grito de mi padre, llamándome para que volviera. ¡Salí saltando de alegría con mi nuevo hallazgo!

Mi padre, sudoroso, con su sombrero de paja atado al cuello con una correa de cuero, me sonrió; al mismo tiempo, sostenía un cigarrillo de paja entre los dientes. Esa imagen aun la guardo perfectamente en mi mente.

Me tendió la calabaza con agua, me ofreció de beber y me preguntó:

- ¿Qué tiene de bueno esta mochila?

Corriendo agua por las comisuras de mi boca, mojando mi camisa de algodón crudo, respondí, eufórico y orgulloso:

- No lo vas a creer... ¡No sabes lo que descubrí! Encontré la casa de los buitres y unos polluelos, que parecen pequeños buitres, ¡pero son blancos!

Mi padre se rio y me explicó:

- Hijo, los buitres son blancos cuando nacen.

- Entonces papá, ¡mira lo que encontré en el suelo!

Y sonriendo se lo mostré. Examinó minuciosamente los frutos y me pidió que lo llevara al nido de los buitres. Lleno de orgullo guie a mi padre hasta el origen del gran hallazgo.

- Hijo, si no me equivoco, ¡esto es una reliquia! Si eso es lo que estoy pensando, nuestras vidas mejorarán mucho. Pagamos mucho por el aceite de palma porque aquí no tenemos esta bendita palmera. Creo que es el coco de palma. Los buitres vuelan lejos, permanecen alejados de sus nidos durante muchos días y se alimentan no solo de restos humanos, sino también de frutos y semillas.

Durante mucho tiempo, entre entusiasmo y aliento, la conversación continuó. Lo escuché atentamente, sintiéndome el mayor e importante descubridor.

Al llegar al vivero, mi padre encontró, entre las heces de los buitres, unos cocos que empezaban a brotar. Analizándolo detenidamente con las manos y los ojos, exclamó:

- ¡Entonces ya está! ¡Los cocos brotan, pero no crecen!

Recogimos las heces de los buitres y, recogiendo todos los cocos que encontramos, nos fuimos. Mi padre llevaba el pesado tronco de madera a la espalda y yo cargaba con nuestro hallazgo.

Cuando entramos al pueblo, había una celebración en torno a mi padre. Todos vieron con admiración el tronco que trabajaría y transformaría en el nuevo mortero.

A la sombra de un viejo árbol de Jatobá, estaba sentado mi padre. Las mujeres entregaron los platos preparados a los hombres y niños. Era nuestra hora de almorzar.

Inmediatamente después de la comida, mi padre reunió a los hombres más viejos del pueblo y les preguntó si conocían el pequeño coco que encontró. Mi abuelo, con la fruta en la mano, habló lleno de emoción:

- ¡Chicos, este es el coco que da aceite de palma! Todos querían ver y tocar el coco. Mi padre dejó que uno de ellos se rompiera para que todos pudieran ver el contenido. Y, con cuidado, abrió uno, luego otro y, finalmente, cinco cocos robustos estaban ahí para que todos los probaran. Y cada uno probaría un pedacito de ese tesoro llamado *dendê*. Mi padre, señalándome, les dijo a los demás que yo fui el descubridor de esa reliquia.

Era costumbre en nuestro querido pueblo, siempre a la sombra de hermosos árboles, que nuestros abuelos repitieran las historias que contaban sus mayores: "Muy lejos estaba el gran mar. Y era tan grande que el río parecía un pelo a su lado. Y, en este gigante, había peces tan grandes que si decidían entrar en el pequeño río, parte de ellos quedarían al descubierto y pronto morirían."

Los niños estaban con los ojos muy abiertos por el miedo. Y traté de imaginar el tamaño de estos peces. A los ojos de los niños, todo lo que está por encima de su tamaño parece diez veces más grande.

Vi el tamaño de nuestro afluente como veo el tamaño del mar hoy. Imaginé que si uno de estos peces de repente saltaba hacia el cielo y caía, acabaría con el mundo.

Nuestros abuelos también decían que, cerca del mar, los hombres plantaban palmeras que producían palma aceitera. Los buitres, cuando hacía calor, salían en busca de algo diferente, restos de peces muertos durante el descenso de las mareas. Tragaban cocos de palma, ya que la cáscara que cubría el fruto les servía de medicina. Durante varios días mantuvieron la comida en sus intestinos, y algunos regresaron al vivero, cuando liberaron las semillas en sus heces.

Soñé imaginando buitres volando cerca. ¡Y cómo vieron tantas cosas hermosas! Pero los hombres nunca podrían acercarse tanto, pensé. Y, a partir de ese día, comencé a ver a los buitres como verdaderos dioses, ya que nos traían riquezas.

Los hombres más viejos del pueblo prepararon un lugar adecuado para plantar y controlar el nacimiento de los cocos. Pasó un tiempo y los niños solo podían ver, de lejos, los pequeños árboles soltando sus hojas. Y, en las noches de Luna, el tema principal era la siembra de aceite de palma y la fabricación de los productos, tan pronto como los frutos comenzaran a brotar.

Antes de encontrar la fruta rara en nuestro pueblo, una o dos veces al año, y durante hasta siete días, hombres y mujeres partían hacia otras fincas; iban a cambiar los bienes que producían por aceite de palma.

Los hombres se internaron armados en el bosque, no solo para cazar los animales que nos proporcionaban carne, sino también para intentar encontrar otros nidos de buitres y, en consecuencia, depósitos de semillas.

Al poco tiempo teníamos plantada una pequeña superficie, que era un lugar sagrado. Y, en ese templo, fui el primer niño en entrar. Pisé el suelo con tanto cuidado, como si tuviera miedo de hacer ruido con mis pequeños pasos. Emocionado, vi que ya había unas palmeras encima de mi cabeza. Colocándome las manos en la cara, miré hacia arriba y, entre los rayos del Sol, las palmeras parecían sonreírme.

Mi pueblo, que lo compartió todo, ahora sonreía con esperanza por la cosecha venidera. En nuestro pueblo no había un único dueño de nada, todo era de todos. Tanto es así que la palabra utilizada y más adecuada para expresar la unión de todos fue: ¡nuestra!

CAPITULO II
EL ÚLTIMO BESO DE LA MADRE

Era una mañana soleada y, como siempre, sentados bajo los frondosos árboles frutales, tomamos nuestra primera comida. Cuscús de maíz con leche de cabra, yuca, camote y ñame con queso.

Algunos niños bebían jugo de frutas, otros bebían leche. Los adultos bebieron algo oscuro y fuerte, elaborado con muchas semillas secas. Recuerdo que a esta mezcla le agregaron mostaza, sésamo y otras semillas de las que ya no recuerdo el nombre.

Mi madre me recordó que era sábado y que los niños, jóvenes, ancianos y adultos debían bañarse con cuidado, ya que nuestro servicio se realizaría por la tarde. El día que el pueblo se detuvo para recibir a los dioses que comandaban a los hombres de la Tierra. Los domingos eran para descansar, fiestas, juegos y citas.

Veo con gran alegría que ha pasado tanto tiempo y los dioses siguen desempeñando el mismo papel entre los hombres: repartir enseñanzas y amor.

Apruebo completamente el nombre con el que bautizaron a la ciudad de los dioses: ¡Aruanda! - ciudad de la luz.

Mi padre se levantó diciendo que regresaría antes de las once de la mañana. Iría al bosque a buscar un tronco de madera que él había dejado listo para el transporte; tenía la intención de hacer un barril nuevo para almacenar y conservar el aguardiente.

Me encantaba acompañarlo al bosque y, mirándolo a él y a mi madre, me armé de valor y pregunté:

- ¿Puedo ir yo también? Prometo que cuando llegue me daré un baño adecuado.

En el pueblo el baño era un ritual. Hombres, mujeres y niños deben frotar por todo el cuerpo las hojas indicadas por los dioses. Para cada persona bañarse con la hierba adecuada, ya que no todos podrían utilizar las mismas hojas.

Mi madre miró a mi padre y sonrió, aprobando mi pedido.

- Si tu padre lo consiente, puedes acompañarlo. Al regresar, los dos van directamente a bañarse. ¡Y no lleguen tarde! - Dijo riendo y guiñándole un ojo a mi padre.

Salí saltando de alegría, fui a buscar mi mochila y mi tirachinas. Lo usé para derribar los frutos que estaban maduros y que no podía alcanzar. Nunca matar los pájaros, ni derribar sus nidos.

Me puse mis botas de piel de cabra, me puse mi sombrero de piel de buey y llené la calabaza con agua; mi padre tomó las cuerdas y su hacha, se calzó las botas de cuero y recogió su sombrero de paja. Fue con mi madre y hablaron en voz baja. No escuché lo que decían, pero, por las expresiones de sus caras, coincidieron en algo.

Me acerqué a mi madre, ella se inclinó para abrazarme y besándome me dijo:

- Cuídate, bebe agua y no te quites el sombrero. Camina en la sombra.

Le di un beso y, de repente, mirándola, me pareció más hermosa; mucho más hermosa que otros días. ¡Interesante e inexplicable! Y en ese momento, mi corazón dio un vuelco. En mi pequeño pecho sentí algo que no podía entender. Siguiendo a mi padre y saludando a mis amiguitos, miré de cerca a mi madre. Ella respondió sonriendo. ¡Y qué bonita era, la admiraba! ¿Por qué antes de irme de allí, aunque todavía estaba cerca de ella, ya la extrañaba?

Nos adentramos en el sendero que nos llevaba al bosque. Pronto comencé a divertirme viendo los pájaros y mariposas que se escondían en las coloridas hojas de los árboles. Caminando aproximadamente una hora y media llegamos al lugar donde mi padre había dejado el tronco. Lo cubrió con hojas para evitar posibles grietas. Miré asombrado, ¡era todo un tronco!

"Mi padre es muy sabio, elige la madera adecuada para las cosas adecuadas" - pensé.

Empezamos atando el tronco a las cuerdas, ya que así a mi padre le resultaría más fácil llevarlo a la espalda.

Estábamos listos para regresar al pueblo cuando escuchamos voces mezcladas con el sonido de hojas arrancadas. Y, de repente, sin que pudiéramos entender nada, desde el medio del bosque, apareció un alboroto de gente rodeándonos con redes. Desesperado, miré a mi padre, miré a esa gente, me miré a mí mismo. Mi padre, siguiéndome con la mirada y con un movimiento de asombro, intentó escapar. Luchó y luchó y, como ya no estaba en buena forma física, lo ataron y amordazaron violentamente. Estaba temblando y, sin fuerzas, no podía respirar. Estábamos atrapados en las redes.

En medio de los hombres blancos, algunos de ellos con cabello color fuego, y los hombres negros que allí estaban, el único y último consuelo fue la imagen de mi madre que vino a mí.

Los blancos me señalaron, hablaban un idioma que yo no entendía. Uno de ellos se me acercó y, hablando nuestro idioma, me preguntó dónde estaba mi pueblo, cómo me llamaba y si sabía cómo regresar solo. Todavía temblando, tratando de responder y entreabriendo los labios, noté los ojos de mi padre diciéndome: "¡No hables, hijo!"

Y entonces, alcancé a decir que no sabía cómo volver solo y dije mal mi nombre. El negro, en su propia lengua, habló a los blancos:

- Va con su padre, no hace falta que lo arrestemos. Y volviéndose hacia mí, dijo:

- ¡Compórtate!

Nos llevaron. Caminando durante unas dos horas llegamos al otro lado del bosque. Ya no podía soportar estar de pie. Cuando paramos, nos dieron agua para beber y nos sentamos con otras personas en la misma situación que nosotros. Había pocos niños y no vi ancianos. A la mayoría eran hombres de la edad de mi padre, algunos más jóvenes y algunas niñas de entre trece y quince años.

Con los hombres atados y amordazados, los colocaron en carros tirados por caballos. Los niños permanecieron con las mujeres, a quienes se les advirtió que no abrieran la boca. Y, de vez en cuando, cuando los carros pasaban paralelos, veía a mi padre. Aunque estaba amordazado, me lanzó una mirada de amor, pidiéndome que me calmara. Lo entendí perfectamente, porque era posible y común que nuestra gente se comunicara a través de la mirada.

Vi como el Sol desaparecía en el horizonte y la cálida brisa anunciaba la llegada de la noche. Oí a los blancos hablar con los negros y detener los carros. Todos querían ir al bosque a hacer sus necesidades y estaban atados juntos, bajo vigilancia. Luego nos dieron unos trozos de pan seco, carne salada y agua.

Escuchábamos el canto de los pájaros por la noche y todo lo que había allí me asustó. La imagen de mi madre me protegía, pero no tenía idea de que, en ese momento, apenas comenzaba un gran viaje en mi vida. Ni siquiera sospechaba que no la volvería a ver en mi viaje.

CAPÍTULO III
BARCO DE ESCLAVOS

Acurrucados en un rincón del carro, todos los niños lloraban suavemente. Cansados y con sueño, extrañamos nuestra cama.

Uno de los blancos le murmuró algo al negro en nuestro idioma, y el negro inmediatamente gritó a los niños:

- Se va a acostar con sus padres. Pero si alguien sigue llorando, dormirá solo y afuera del carro para que los jaguares vengan a comérselo.

Yo también me encogía, me acurrucaba junto a mi padre, ya que su presencia me daba seguridad. No podía cerrar los ojos y solo pensaba en mi madre, imaginando su desesperación. ¿Y mis hermanos? ¿Y la gente del pueblo? Todos deben haber estado buscándonos.

Había dejado el sombrero al lado del hacha de mi padre y el tronco seguía en el mismo lugar. ¿Los volvería a ver alguna vez? ¿Tendrían los hombres compasión y nos liberarían? ¡Si tan solo mi padre pudiera hablar...! Pero estaba amordazado y trató de calmarme con solo mirarme.

De la misma manera, acurrucado como estaba, me quedé dormido. Soñé que estaba sentado con mi abuelo. Fumó su pipa y me contó una historia. Cuando desperté me dolía el cuerpo, pensé que estaba en mi hamaca, pero pronto abrí los ojos y recordé dónde estaba. Mi padre me miró, estaba abatido, muy abatido. Miré a mi alrededor, había aproximadamente diez hombres amontonados en el carro con mi padre. Todos amordazados, con los ojos abiertos, mirándome con lástima.

Recordé el sueño que tuve con mi abuelo:

- "Nieto mío, lo único que une a los hombres es el amor. Estés donde estés, guarda siempre el amor que ahora llevas en tu corazón. Nuestro cuerpo es como esas nueces de palma que recogiste: los buitres se las pueden llevar muy lejos, al otro lado del mar, pueden sufrir mucho en la piel, pero el alma, que es la semilla, brotará más adelante, trayendo una nueva vida. ¡Intenta mantener la calma y recuerda siempre las historias sobre las semillas de palma!"

Los primeros rayos aparecieron en el cielo, era lo que mi abuelo llamaba el amanecer. Los carros comenzaron a moverse y solo se detuvieron cuando el Sol apareció en el horizonte.

Los hombres, atados como animales salvajes, fueron conducidos cerca de los arbustos al borde del camino; y las mujeres, en el lado opuesto, a hacer sus necesidades. Solo entonces me di cuenta que entre nuestros guardias había algunas mujeres que acompañaban a otras mujeres, burlándose de todo y de todos.

No entendía lo que decían, pero entendía sus gestos y miradas. Jugaban y se divertían con los hombres blancos y eran diferentes a las mujeres de nuestro pueblo.

Nos dieron a beber un caldo negro muy dulce y pan. Dijeron que era de caña de azúcar y se llamaba "molado." Tenía mucha sed, pero aun así nos dejaron beber tanta agua como quisiéramos. Solo hoy sé por qué la melaza mantuvo nuestros cuerpos funcionando. No corríamos riesgo de deshidratarnos, ya que bebíamos mucha agua.

El Sol ya se estaba poniendo y, sobre las tres de la tarde del domingo, entramos en una carretera cubierta de arena blanca y fina. Los hombres, aun atados y con el alma lejos, miraban el paisaje exterior, intentando, tal vez, cambiar el destino que les esperaba. E incluso viviendo esa pesadilla, uno no podía evitar admirar la belleza natural, más allá del cautiverio.

Más adelante vi unas palmeras cargadas de racimos de cocos amarillos y pronto me di cuenta que era aceite de palma. Seguí soñando, imaginando que pronto nuestro pueblo estaría cubierto de aquellas palmeras, y nuestra gente, disfrutando de todas sus riquezas. Vi un buitre volando lentamente y sentí envidia. Miré el carro en el que estaba atrapado mi padre y, en silencio, dos lágrimas cayeron de mis ojos. La sonrisa de mi madre, guiñándole un ojo a mi padre; su beso en mi cara y yo mirándola hasta que entramos al bosque; ella me saludaba y sonreía... Se quedaron conmigo, todas esas imágenes y escenas me dieron fuerzas para vivir.

Llegamos a la orilla del mar. Miré con asombro y miedo el gigantesco océano. Recordé la historia de mi abuelo, miré las inmensas olas y busqué el pez grande. Los hombres detuvieron los carros y todos salimos.

Al ver a los guardias blancos armados, los hombres fueron desatados y pronto todos estaban transportando cajas a un barco. Me sentí esperanzado; ¡Así que eso fue todo!

Querían que mi padre cargara esas cajas y luego nos enviarían de regreso a nuestra casa, pensé.

Ya estaba oscureciendo cuando me arrojaron a la barca junto con las mujeres y otros niños. Todos gritamos y lloramos desesperados. Y ahí mismo empezamos a recibir azotes.

- ¡Y si alguien grita, le pegarán más! - Advirtieron.

Desde otras embarcaciones, hombres acompañaban a nuestra embarcación. Vi a mi padre y me sentí un poco tranquilo: ¡no estaba solo en ese infierno! Y, estando mi padre cerca de mí, me sentí consolado; la imagen de mi madre siguió acompañándome y eso también me dio fuerzas para aguantar.

Con el miedo y el balanceo del mar, me mareé y sentí náuseas. Me retiré a un rincón y comencé a vomitar. Pronto vi que todos mis compañeros de desgracia también estaban vomitando, excepto las mujeres blancas y los tres hombres que estaban con ellas.

Nos acercamos a un monstruo negro completamente dibujado en blanco, amarillo y verde. En él también están presentes algunas telas de colores: banderas. Atracaron los barcos, construyeron un puente y nos empujaron hacia adentro. Bajamos las escaleras y llegamos a un lugar oscuro, una parte iluminada solo por lámparas que llevaban los hombres blancos. Y allí nos encerraron como animales. Hombres, mujeres y niños, todos juntos. No había camas ni hamacas, solo algunas cajas de madera con agujeros y algunas pajitas cubriendo el suelo. El olor era horrible. todavía podría quedarme al lado de mi padre y hablar con él. Me abrazó y lloramos juntos por primera vez.

- Papá, ¿dónde estamos y hacia dónde vamos? - Pregunté llorando.

- Hijo, estamos en un "barco de esclavos." Y hacia dónde vamos, aun no lo sé. Solo sé que vamos a ser esclavos de los blancos. Intentaremos no molestarles y hacer todo lo que nos pidan. Trabajaremos duro y lucharé para permanecer juntos.

A pesar del calor y el mal olor, me quedé dormido al lado de mi padre. Soñé que estaba en nuestro pueblo, las mujeres lavaban ropa, reían y hablaban, mientras los niños nadaban y hacían apuestas: ¿quién permanecería más tiempo bajo el agua?

Me desperté con el barco balanceándose, abrí los ojos lentamente, recordando dónde estaba. Mi padre me miró y sus ojos, que antes eran tan vivaces y felices, ahora parecían profundos y distantes. Me dio una sonrisa triste y se la devolví con un abrazo silencioso. Hablábamos con los ojos y ahora estábamos aprendiendo a hablar con los brazos y el cuerpo.

Estábamos en el infierno, eso decían los hombres en casa. Algunos lloraron, gritaron, se golpearon la cabeza contra el casco del barco y clamaron a nuestros dioses.

No había luz en el fondo del barco de esclavos. Uno de los hombres gritaba, usando un lenguaje que no repetiré aquí. Nos advirtió que hiciéramos nuestras necesidades allí mismo. Y quien lo hiciera después se comería sus propias heces.

Los hombres daban la espalda a las mujeres para hacer sus necesidades; Luego llegó el turno de los hombres. A cada uno se le dio un trozo de mazorca de maíz para que se limpiaran. Cuando todos terminaron, cuatro de nuestros hombres, bajo la vista de guardias armados, bajaron a limpiar. Los agujeros en las cajas tenían exactamente ese propósito. El mal olor nos asfixiaba, dándonos ganas de vomitar. Los guardias rodearon y patearon a nuestros hombres sin motivo alguno.

¡Realmente estábamos viviendo una pesadilla! Día a día en el vaivén del mar, sin ver el Sol ni oler la tierra; sin ropa limpia, nos bañamos en agua salada.

Los negros que hablaban nuestro idioma, riendo, decían que era para desinfectar y conservar nuestra carne.

La comida consistía en salvado de maíz, pan seco, miel negra y mucha agua. El tiempo parecía una eternidad en aquel infierno negro, y todos los días preguntaba: "Papá, ¿qué día es?" Y así pude ver que ya llevábamos más de veinte días viviendo en el mar.

Un día escuchamos un extraño movimiento entre blancos y negros. Mi padre, mirando por la rendija de la barandilla, dijo que se habían detenido en algún lugar. Más tarde vinieron a buscar algunos hombres para ayudar a cargar cajas, y mi padre fue uno de ellos. Yo estaba angustiado, retorciéndome las manos, sin entender lo que allí pasaba.

Por la noche, mi padre regresaba diciendo que aquellas cajas contenían mercancías que se cambiaban por pan, salvado y miel negra a la que llamaba "*kabaú*": miel negra.

CAPÍTULO IV
SEPARACIÓN

Cada día que pasaba, nuestro sufrimiento se redoblaba. Había mucha gente enferma, con fiebre, vómitos y diarrea. Decidieron suspender la miel, sirviendo solo agua con un polvo blanco llamado tapioca, pan y salvado de maíz. Y una vez al día bebíamos una especie de té amargo.

A plena vista, algunos hombres y mujeres, retorciéndose de dolor, estaban muriendo, y no podíamos hacer nada. Los muertos fueron arrastrados como animales por nuestros hermanos sufrientes y arrojados al mar como estaban.

Mi padre era muy delgado - podía verle todas las costillas - y luego me di cuenta que yo también estaba muy delgado. Esa bolsa con agujeros arriba, que me dieron como ropa, parecía un globo alrededor de mi esqueleto.

Cada día aparecían más sorpresas desagradables.

En varias ocasiones, los guardias negros sacaron a las niñas más jóvenes del sótano. Después regresaron con sus cilicios manchados de sangre. En un rincón, estaban acurrucadas, llorando con la cabeza escondida entre las piernas y los brazos. Yo estaba aterrorizado, pensando que las habían golpeado mucho.

Empecé a pasar entre los barrotes y, a través de las rendijas, en lo alto del sótano, pude ver lo que estaba pasando: las niñas estaban siendo violadas terriblemente, y muchas de ellas quedaron embarazadas de esos monstruos. Caí en la desesperación al presenciar la crueldad de aquellos hombres sin corazón.

Recordé la primera vez que los guardias vinieron a buscar a las niñas. Y solo entonces entendí por qué los hombres de nuestra tierra avanzaron contra ellos, tratando de defenderlos, pero pronto fueron masacrados a patadas y golpes.

Como no podía hacer nada para evitar tal atrocidad, llamé a mi padre para que viera la triste escena.

- Hijo, aunque estoy delgado, no puedo pasar por ese hueco tan estrecho.

Le dije que era noche de Luna llena y ambos volvimos a abrazarnos en silencio.

Me imaginé a mi familia, todos sentados en nuestro jardín y llorando por nuestra ausencia. Mi madre, tan joven y tan hermosa, mis hermanos, mis abuelos, mi pueblo... ¡todo quedó atrás! Me preguntaba si algún día volvería con mi gente, a mi lugar. ¿A dónde nos llevaban y por qué? No hicimos ningún daño a los hombres blancos y mucho menos a los hombres negros. Mi padre pasó su mano huesuda por mi cabeza y pareció escuchar mis pensamientos.

- Hijo, recuerda siempre el consejo de nuestros dioses: "Dondequiera que estés, siempre estaremos contigo..." Ellos están aquí protegiéndonos, a pesar de todo el sufrimiento; ellos también están con tu madre. ¡Estamos juntos! Y si el dios de todos los dioses, que es también nuestro dios, ha preparado así nuestro camino, debemos seguirlo sin quejarnos.

Nuestros dioses, hijo, están en la Luna, en el Sol, en las estrellas, en el aire, en las aguas de este mar que nos lleva lejos; están en mí y en ti; están en todo.

Me quedé dormido escuchando a mi padre hablar de nuestros dioses.

Pronto soñé que corría libremente por nuestro pueblo y veía las plantaciones de palma aceitera. Ahora estaba seguro que realmente era aceite de palma; eran como esas palmeras que vi en la playa. Corrí al encuentro de mi madre, ella me abrió los brazos sonriendo y me preguntó: "¿Dónde has estado? ¿Por qué tardaste tanto, hijo mío?

Justo cuando intentaba explicar lo que había pasado, me desperté.

El tiempo pasó y ese viaje parecía no tener fin. "¡Un día anclaremos!" Eso es lo que escuché de uno de nuestros guardias negros.

Al día siguiente, temprano en la mañana, aparecieron los guardias con unas ropas extrañas, llenaron unos barriles con agua de mar, nos entregaron una mazorca de maíz y los hombres que hablaban nuestro idioma gritaron:

- ¡Esto es para que todos se bañen! Y a frotar bien. ¡Todos queremos limpieza! ¡Dentro de un rato bajaremos y tendrán que estar limpios y agradables!

Mi padre me ayudó a meterme en el barril de agua helada y me frotó bien. Disfruté el baño, incluso sonreí.

Me ayudó a ponerme la ropa holgada, que estaba limpia pero demasiado grande y grande para mi talla. Quienes resistieron el vaivén del barco estaban delgados y tenían profundos círculos oscuros bajo los ojos. Todos se miraron y escuché a uno de los hombres preguntarle a mi padre:

- ¿Cuál será nuestro destino ahora, hermano mío?

- El que Dios nos reservó, amigo mío - dijo mi padre.

Desde allí nos pusieron en fila. Esperábamos ansiosamente órdenes de los guardias. Y yo siempre estaba cerca de mi padre, cogido de su mano. "Pase lo que pase, estábamos juntos" - pensé. Llevé mi mochila, allí llevé mis reliquias. Nos subimos a un barco con otros hombres y admiré las olas del mar. Era lo más hermoso que había visto en mi vida. Una vez que me acostumbré al balanceo, ya no me sentí mal...

CAPÍTULO V
ADIÓS, PADRE MÍO

Al llegar a tierra, una carreta tirada por cuatro bueyes nos llevó a un lugar lleno de personas, animales y todo tipo de mercancías. En medio de todo ese movimiento, había mucha gente blanca, vestida de una manera que nunca había visto. Uno de ellos, señalando hacia nuestro lado, sonreía mientras decía cosas que no entendíamos.

Un chico blanco de pelo de fuego, vestido como los demás, me arrojó un plátano, que comí con mucho gusto. Él sonrió y les dijo algo a sus padres, quienes me miraban.

Los hombres blancos no se acercaron; entre nosotros solo circulaban los negros, los que hablaban nuestra lengua.

Estuvimos allí mucho tiempo, los guardias negros ordenaron a los hombres girar de un lado a otro, mostrando brazos, piernas y dientes. No entendí por qué fue eso.

Algunos hombres y mujeres fueron separados y llevados afuera y acompañados por algunos hombres blancos.

Un hombre muy joven, vestido como los demás, señaló a mi padre y el negro preguntó algo. Y asintiendo, respondió mirándome.

Y solo lo entendí cuando el guardia negro trajo las esposas para ponerlas en las muñecas de mi padre.

- ¡Ya tienes dueño, es ese señor de ahí! - Dijo riendo y señalando al hombre bien vestido.

- ¿Y mi hijo? - Preguntó mi padre.

- Aun queda el negrito, porque el coronel no quería a su hijo. Crees que solo causará pérdidas. Ahora cierre la boca. Es mucho mejor para ti.

Mi padre se arrodilló con ambas manos esposadas y preguntó:

- Hermano mío, te pido, por el color de nuestra piel, en nombre de nuestros dioses, habla con el hombrecito para que acepte a mi hijo. Prometo que no causará ninguna pérdida.

Mi padre continuó arrodillado y preguntando. Temblaba de pies a cabeza, sentía dolor en el estómago y mi estómago se revolvía de terror. ¿Cómo sería sin mi padre?

El guardia negro suspendió brutalmente a mi padre y respondió:

- Por tu bien, aprende a mantener la boca cerrada o empieza a saborear el cuero brasileño en el lomo, aquí mismo.

Los guardias blancos agarraron a mi padre y lo empujaron violentamente entre la multitud. Seguí temblando sin moverme. Empecé a llorar y uno de los guardias me tiró de la oreja con fuerza, diciéndome que me callara. Y uno de ellos me dijo:

- Si te quedas callado, pronto estarás con tu padre.

Contuve las lágrimas y las sequé con la manga de mi suéter holgado. Tenía hipo y me dolían el estómago, las piernas y la cabeza. Ya estaba oscureciendo. Desde la puerta del mercado donde me encontraba vi que la mayoría de la gente ya se había ido. Quedaban dos niñas, una niña de nueve años aproximadamente y yo.

Apareció una pareja joven. La niña tenía el pelo amarillo como mazorcas de maíz cuando soltaban sus borlas; sus ojos eran del color del cielo y su piel era tan blanca como las nubes. El niño era blanco como ella, pero sus ojos eran verdes, el color de nuestros bosques. Los dos sonrieron, abrazándose.

De pie frente al mercado, le dijo algo al hombre, quien le dio un beso y se fue. La niña nos miró fijamente, bajé la cabeza con miedo y vergüenza. Al poco tiempo, el joven regresó con unos papeles en la mano y se los entregó a la niña.

El guardia negro entró al cajón donde estábamos encerrados como cerdos y nos habló en nuestro idioma:

-¡Vamos, asquerosos! Gracias a los dioses alguien te compró. Ya estaba pensando que tendría que pasar la noche aquí, vigilándote.

Casi nos empujamos hacia abajo, y en ese momento estábamos todos enojados y la niña estaba acurrucada con dolor de estómago; pronto todo quedó cubierto de heces. Uno de los hombres blancos nos indicó el camino que debíamos seguir.

Fuera de ese lugar, nos llevó a una casa extraña. Una anciana negra nos llevó a la parte trasera de la casa, nos bañamos, vestimos ropa limpia, bebimos leche y comimos pastel.

La niña temblaba de fiebre. Bebió té y comió solo un pequeño trozo de pastel. La vieja negra la cubrió y le dio un vaso de agua.

La Luna apenas comenzaba a aparecer en el cielo cuando nos cargaron en el carro de bueyes. A mitad de camino me sentí tan cansado y débil que no recuerdo lo que pasó.

Soñé que estaba jugando en el río con mis hermanos y amigos.

Me desperté lentamente. Estaba acostado sobre una estera de paja y la anciana negra estaba a mi lado.

- ¡Por fin despertaste, maldito negrito! ¡Pensé que estabas muerto! Es la primera vez que veo a alguien permanecer inconsciente durante dos días. Vamos, bebe este caldo caliente e intentemos orinar. Pronto estarás curado.

La cabeza me daba vueltas, pero poco a poco, con su ayuda, fui tragando el caldo. Noté que la niña estaba triste y asustada y me miraba; también estaban allí las dos chicas, vestidas con ropas extrañas. Me ayudaron a levantarme y al intentar levantarme sentí que me temblaban las piernas.

Me tomaron de los brazos y di unos pasos. La vieja negra me dio más caldo caliente y al rato pude orinar.

No dije nada, solo observé el lugar preguntándome:

- "¿Mi padre tardará en llegar? Ese hombre dijo que si nos quedábamos en silencio, pronto estaríamos con nuestros padres."

La vieja negra, sonriendo, dijo:

- Mi nombre es Juana. ¿Y el tuyo, cuál es?

- El mío es Luís Fernando.

- Muy bien, Luís Fernando, ahora estás en otra tierra viviendo una nueva vida. A partir de hoy tu nombre será Miguel y comerás para crecer y hacerte fuerte.

Hoy no saldrás del cobertizo; ve a descansar y juega con Ritiña. ¡Mañana sal y camina un poco y entonces estarás bien!

A través de la ventana de madera, el Sol entraba al cobertizo. El suelo de tierra estaba limpio. Noté que había muchas camas cubiertas con paja, petates y hasta hamacas.

Pero ¿dónde estaban sus dueños? Me preguntaba. Y pensé que mi padre debía estar viviendo allí.

¡Pronto estaba caminando!

Los niños tienen el don de adaptarse rápidamente a situaciones dolorosas. Precisamente porque son inocentes.

- La abuela Joana es buena - me susurró Ritiña al oído -, me dio un baño, un vestido nuevo y sandalias. Comí muchas cosas ricas que ella me dio, ya me deshice de la barriga y me fui al río a bañarme! Por la noche todos se vuelven a dormir y al día siguiente todos se van a trabajar - continuó Ritiña -. Solo quedan las abuelas y las tías mayores para cuidar de los niños. ¿Ves esa casa de allí? - dijo, señalando un gran cobertizo -. Están todos los niños. ¡Muchos niños!

Solo estamos aquí porque estábamos enfermos. Todavía no podemos quedarnos con los otros niños para evitar darles enfermedades. Pero pronto estaremos junto a ellos.

Me arriesgué a hablar y pregunté:

- Y mi padre, ¿lo viste?

Ritiña me miró seriamente y respondió:

- No creo que volvamos a ver a nuestros padres. Se los vendieron a otros coroneles, porque oí hablar a la abuela Joana. Dijo que nos cuidará y que tuvimos suerte. Nuestra Siñá es muy buena.

Me senté y comencé a llorar. ¿Cómo podría vivir sin mi padre?

La abuela Joana llegó arrastrando sus pantuflas de cuerda. Se sentó a mi lado en un banco de madera y me acercó a ella.

- Miguel, presta atención a lo que te voy a decir: tuve cuatro hijos y sé que nunca los volveré a ver en esta tierra, y eso no significa que haya perdido la fe en nuestros dioses. Dios es tan bueno, hijo mío, mira: yo no podía cuidar ni velar por mis hijos; por otro lado, estoy aquí con los brazos abiertos para todos los niños. Veo en cada uno de ustedes, hijitos míos. Cuando me secuestraron de mi tierra, dejé un hijo del mismo tamaño que tú, tenía siete años.

Hoy mi hijo debe tener 38 años y los dos menores tienen 35 y 33. Traje en mi vientre un hijo que nació en cautiverio. Me lo arrancaron de los brazos cuando tenía cinco años y nunca más lo volví a ver.

Me vendieron hace quince años a esta Siñá y aquí encontré un poco de paz. Mira Miguel, nuestro Padre Mayor es muy sabio y, a veces, no entendemos ciertas cosas y nunca pensamos que el sufrimiento que pasamos en esta vida es para alcanzar la felicidad futura. Ayudo en el nacimiento de todos los hijos de los esclavos y todos me llaman abuela. También puedes llamarme así. Haré todo lo posible para ayudarte y quiero que seas un niño obediente y de buen comportamiento. Sécate los ojos y comamos algo rico que te trajo la abuela.

Ella me levantó, me miró y vi que tenía los ojos llenos de lágrimas. En silencio me abrazó, acariciando mi cabeza.

- Miguel - dijo la abuela Joana -, ¿vamos a hacer un trato? Soy demasiado mayor y tú eres un niño. Yo te cuidaré como si fueras mi nieto y tú me cuidas como si fuera tu abuela.

A pesar de toda la angustia que oprimía mi alma, sentí un poco de alegría, porque alguien me quería. Estaba siendo amado, sostenido por un alma caritativa. Perdí a mi familia, mi libertad, pero encontré a alguien que me ofreció consuelo y amor.

Abracé a la abuela Joana y le respondí temblando:

- ¡Acepto!

A partir de ese día comencé a trabajar junto a mi abuela. Dormí cerca de ella y empezamos a compartir todo. Entonces me acostumbré a la nueva vida. Hice todo lo que ella me pidió. Yo era sus brazos, sus piernas y sus ojos. Así hablaba de mí con los demás.

Recibió muchos elogios de todos los demás esclavos por la rapidez con la que aprendía las cosas.

Al lado de mi abuela descubrí que, aunque era esclavo y aunque perdí mi libertad, todavía me quedaba un hilo de esperanza: el amor.

CAPÍTULO VI
LA JUVENTUD

El tiempo pasó muy rápido y mis esperanzas de encontrar a mi padre se hicieron cada vez más lejanas.

Nunca dejé de pensar en mi pueblo, me imaginaba cómo eran mis hermanos. ¿Habían sido capturados también?

Los recuerdos de la infancia, dentro de mi familia, nunca se desvanecieron. Y, en las noches de Luna llena, me sentaba bajo una palmera y soñaba con el pasado.

Intenté imaginar hacia dónde debería ir nuestro continente. Recordé el balanceo del mar, los últimos momentos con mi padre y la sonrisa de mi madre.

Cumplí quince años. Me convertí en un chico alto y fuerte. Realicé diversas actividades en la finca. Con mi querida abuela Joana y el viejo negro Santino aprendí la ciencia de las hierbas y preparé bebidas para muchos males. Mi abuela Joana me llevaba a recolectar hojas, cortezas y raíces de plantas medicinales.

En la finca domaba los caballos, bueyes de tiro, perros de caza y cuidaba los arneses en general. En fin, mi especialidad, además de conocer las plantas, era domar animales. El coronel me exhibía con orgullo y, los días de fiesta, yo era su esclavo favorito; era su trofeo, dijo.

El coronel ordenó que trajeran animales de las granjas vecinas para que yo los domara. Pronto mi fama creció, valía oro y las ofertas fueron grandes. Mi señor siempre hablaba con orgullo:

- ¡No lo vendo por dinero!

Mi abuela Joana todavía se ocupaba de los partos y de las medicinas. Por supuesto, ya no tenía el mismo vigor que antes.

Le traje miel, fruta, huevos de pájaro que recogí en el bosque y ¡ella estaba feliz! Todos los días, antes de levantarnos del lecho de paja, escuchaba todas sus recomendaciones: "Nunca respondas a tus mayores, aunque sean esclavos; nunca levantes los ojos a tus amos, aunque sean niños; y, ni siquiera en sueños, pienses en fugarte o rebelarte; tratar siempre de actuar con el máximo respeto y obedecer todas las órdenes recibidas sin cuestionarlas."

Yo era el único joven esclavo que caminaba libremente por los bosques sin que ningún supervisor me vigilara. Aunque ningún esclavo escapó de aquella finca, nunca vi a un negro atado al cepo ni a castigos violentos. La mayoría de los esclavos fueron comprados en otras granjas y comentaron todo el sufrimiento por el que pasaron. Realmente allí, comparado con otras fincas, era un paraíso.

Cada día, el anhelo y la angustia oprimían mi pecho. Siempre volvían los mismos recuerdos y las mismas preguntas: ¿Dónde está mi padre? ¿Estará vivo? Miré a mis hermanos negros y recordé mi patria, mi familia. ¿Alguien más fue secuestrado de allí? ¿Y cómo estaría la plantación de palma aceitera? ¿Habría tenido éxito?

Ya no era un niño, crecí extrañando a mi madre, a mi padre y a mi patria. Y la imagen nítida de los buitres sobrevolando nuestro pueblo; de mujeres cargando cántaros de agua, sonriendo y hablando de sus sueños. Eran pensamientos que llevaría por siempre jamás.

De mi vida pasada, traje una reliquia. Recordé, mientras agarraba la mochila que mi madre hizo con sus benditas manos. Era lo único que todavía tenía conmigo. Y sabía que nunca volvería a ver a mi querida madre, pero mi amor, nadie podría quitármelo de mi corazón.

Los dioses decían que el cuerpo moría, pero el alma no: se encontraron y se reconocieron en otro mundo. Y si eso fuera realmente cierto, algún día todavía podría encontrar a todas las personas que amaba.

En secreto, los esclavos se reunían para consultar a nuestros dioses. Recibíamos muchos consejos y orientación, y muchos hermanos todavía llevaban la revuelta dentro de sí mismos. ¿Por qué Dios nos castigó tanto? ¿Por qué nos creó negros? ¿Por qué tendríamos que seguir amando y respetando a un Dios a quien no le importaba nuestro sufrimiento?

La respuesta, a veces serena y a veces llena de energía, fue siempre la misma: "Estamos aquí, no por su voluntad, sino por la nuestra."

Y en los breves encuentros, nuestros dioses advirtieron: "Estamos aquí para ayudarte, así que no sigas preguntando por tu tierra y tu gente. Ahora esta es tu tierra y tu gente."

Nadie se atrevía a hacer determinadas preguntas, aunque la mayoría quería hacer preguntas. Queríamos saber noticias sobre nuestro pasado.

Una noche, iluminados por los rayos de la Luna, estábamos reunidos recibiendo nuestro pase. Una de las entidades presentes se acercó a mí y tocándome el hombro me dijo: "Hijo, busca lo que hay dentro de ti, camina, avanza y no mires lo que queda atrás." Me quedé inmóvil, sentí dos lágrimas correr por mi rostro. ¿Cómo podría olvidar a mi madre, mi padre, mi familia? ¿Cómo podría vivir como esclavo si siempre había sido libre? Fue una lucha dolorosa dentro de mi pecho, porque amábamos a nuestros dioses.

Pero el pasado seguía siendo la única alegría, el único vínculo que teníamos para sentirnos personas. Pero no nos dieron ninguna esperanza sobre el regreso de nuestro pasado.

CAPÍTULO VII

UNA PRUEBA DOLOROSA

Hacía algún tiempo que había notado al señor que estaba un poco cansado y triste. Incluso le comenté a mi abuela que no se veía bien. Vi a la Siñá nerviosa, pidiéndole que fuera al médico.

- Hijo, cuando estés cerca de él, sin que te lo pida, habla, enséñale las hierbas y raíces que son buenas para el corazón - recomendó mi abuela.

El hombre la tomó, miró las hierbas y luego me dijo:

- Hay casos, Miguel, que ni las hierbas ni las raíces ni nada en este mundo pueden arreglar. Quién sabe, en el futuro los hombres desarrollarán los recursos adecuados para ello. Miguel, tus hierbas y raíces son la salvación de esta finca: curan lo que se puede curar. Desafortunadamente, hay cosas que solo Dios puede sanar.

Me sorprendió oírlo hablar de Dios.

- Miguel, prepárame una de tus bebidas para aliviar el dolor en mi pecho y no se lo cuentes a nadie.

Ese mismo día, con la ayuda de mi abuela Joana, recogí las hierbas y raíces necesarias. Siete días después, con orgullo y mucha discreción, le di su medicina. La tomó allí mismo, haciendo una mueca.

- Es muy amarga, Miguel, pero dime cómo debo tomarla.

Le di las instrucciones y guardó la botella saliendo satisfecho. Preparé cinco frascos más y dijo que se sentía bien con el medicamento, ya que el dolor en el pecho había desaparecido.

Noté círculos oscuros alrededor de sus ojos, su rostro pálido y el hecho que siempre estaba jadeando. Ya no era el mismo y no vi ninguna mejora en su físico. Me sentí triste porque no pude curarlo.

Un día me desperté con una gran prisa en la granja. El coronel se sentía enfermo. Me llamaron al cuarto de esclavos, donde dormí con mi abuela. Con dificultad, llevaron a mi abuela a la lujosa habitación del amo y, como siempre, yo la acompañé.

Nuestra Siñá estaba angustiada, llorando, y al ver a mi abuela gritó:

- ¡Joana, por el amor de Dios, haz algo por él!

El coronel estaba pálido y respiraba con dificultad. Al verme, sonrió y habló suavemente:

- Miguel, tu medicina prolongó mi vida, pero ha llegado el momento. Creo que el Jefe me pide cuentas.

Corrí a hacer todo lo que me decía la abuela. Se apresuró a traer a un médico blanco para acompañar al paciente. Mi abuela, al salir de allí, me dijo:

- Hijo, solo vivirá de un milagro de Dios. ¡Su corazón está cerrando las venas por las que fluye la sangre y el aire…!

¡Temblé de miedo!

- Y si el coronel muere, ¿qué será de nosotros?

- Lo que Dios quiera, hijo mío, lo que Dios quiera. Esperemos, orando a nuestros dioses por él.

Al final de la tarde, un capataz dijo que había mejorado, había pedido sopa, bebió leche y estaba más sonrojado. Estaba feliz, pero vi preocupación en los ojos de mi abuela. No le hice ninguna pregunta, por miedo a escuchar exactamente lo que en el fondo ya sabía.

Por las noches, la casa grande dormía a la intemperie y nosotros no pegamos ojo. Al amanecer escuchamos los gritos de la señora y nos olvidamos que éramos esclavos. ¡El ser humano tiene en su espíritu el instinto de ayuda! Corrimos allí y nos enteramos de la muerte de nuestro amo. ¡Fue un shock para todos! Lamentamos su muerte, sinceramente.

Todos sus esclavos tenían una deuda de gratitud con él, ya que el amo compraba los esclavos que los demás coroneles rechazaban y los trataba como personas. Fue un momento doloroso para todos. Además, estaba la incertidumbre de nuestro destino, el miedo al futuro. Como dicen, la desgracia nunca viene sola...

Había pasado poco más de un mes desde la muerte del coronel. Y hablando con mi abuela, se sentó muy despacio en la cama y dijo, en voz baja:

- Miguel, ya me voy, hijo mío. ¡Ten paciencia con la vida!

Por un momento pensé que solo estaba jugando conmigo. ¡Pero se desmayó y nunca despertó!

Elegí el lugar en el cementerio, yo mismo cavé su tumba y cada golpe que di a la tierra fue como si me golpeara el alma. ¡Enterraría a mi abuela Joana! ¡Enterraría una parte de mi vida! Ella fue la persona que me dio la fuerza para vivir y que me hizo creer en la posibilidad de la vida.

Ella me estaba dejando… ¿Y cómo podría soportar vivir sin ella? ¿Qué sería de mí? Desde que salí de mi pueblo no había sentido tanto miedo como en ese momento.

Las lágrimas corrían mientras decía a los dioses: "¡Daré mis brazos, mis ojos, mis piernas, todo para recuperar a mi abuela!" ¿Quién sabe si con su ayuda volvería a la vida? Esta ilusión cruzó por mi mente.

En su funeral estuvieron presentes todos los esclavos, muchos capataces y sus familias. La Siñá estaba de luto por su marido y, vestida toda de negro, parecía diez años mayor.

Llegó al cuarto de esclavos donde estaba la hamaca con el cuerpo de mi abuela. Lloró mirando el cuerpo sin vida y, sin decir nada, se alejó.

En silencio, hicimos una cadena alrededor del cuerpo. Después los esclavos mayores rezaron en nuestro idioma.

Los nativos, incluso niños como yo, arrancados de nuestra tierra, conservamos para siempre el don de las primeras palabras en nuestra lengua materna.

Al final de la tarde, se formó un gran arco iris exactamente donde estaba abierta la tumba de mi abuela. Yo delante y otro esclavo detrás cargaban la hamaca de mi protectora, mientras una multitud, orando, acompañaba al entierro. Tapamos el hoyo y luego plantamos hierbas, claveles y rosas encima. Nada más terminar no fue necesario mojar el suelo, ya que se formó una nube que dejó caer una lluvia rápida.

Las hierbas mojadas desprendían un olor maravilloso y el agua de lluvia nos lavó las lágrimas. Y entonces, ¡eso fue todo! Los dioses de los siete colores se formaron en ese arcoíris y se llevaron el espíritu de mi abuela. Nos echaron esa agua bendita para que todos pudiéramos regresar a nuestras misiones sin lágrimas. Ella no se quejó, no lloró, respetaba la vida por encima de todo, y eso es lo que nos pedía.

Regresé a la senzala y me acurruqué en nuestra cama hecha de hojas de maíz. Todavía podía olerlo. Mi abuela olía a hierbas y raíces, olía a bosque. Algunas mujeres vinieron a consolarme. Quería morirme, quería enterrarme junto a la abuela.

Pasaron unos días y nuestras vidas seguían confundidas por la muerte del coronel.

La señora no entendía de administración, no estaba en condiciones de administrar las granjas de su marido... eso es lo que escuchamos de los capataces.

Salía temprano todos los días a recolectar raíces y hierbas y, al regresar, pasaba por el cementerio donde dejaba las cosas que le gustaban a mi abuela. Hierbas, claveles y flores, plantadas en su tumba, decoraban y perfumaban todo el cementerio. Un suave aroma bañó tiernamente el campo sagrado. Y allí pasaba todo mi tiempo libre.

Sentí que mi abuela Joana me escuchaba y respondía todas mis preguntas. Sentado junto a su tumba recordé mi llegada a la finca, su cariño y todo el apoyo maternal que me brindó. Logré sobrevivir en sus brazos, encontré en ella parte de mi madre. Sin mi abuela, estaba completamente perdido e inseguro. No sabía lo que podría pasarme.

Los recuerdos castigaron mi alma. ¿Dónde estaba mi padre? ¿Seguiría vivo? O, quién sabe, también ya había muerto. ¿Y mi madre? ¿Y mi pueblo? ¿Y todavía existían las palmeras? ¡Ahora, sin mi abuela, daría cualquier cosa por volver a mi pueblo!

Seguí haciendo mi trabajo, domando a los animales y cuidando todos los arneses. Recogía hierbas, las separaba y preparaba baños e infusiones para las heridas, las picazones y todas las enfermedades de los negros que trabajaban en la finca y en la casona.

Habían pasado tres meses desde la muerte del amo. Observé a la señora caminar por la casa grande, envuelta en su ropa negra. Recordé el día que ella se acercó a ese corral, mirándome y diciéndole algo al señor. Y gracias a ella estuve allí, porque mi vida podría haber sido peor. Gracias a ella tuve una abuela maravillosa.

En mi corazón pedí a los dioses que la protegieran. ¡Cómo me gustaría ayudarla! Por supuesto que estaba sufriendo, porque nuestro señor era un muy buen hombre. No tuvieron hijos. Si tan solo le hubieran dejado un hijo para consolarla...

De repente comencé a comprender algunas palabras de las entidades que vinieron a ayudarnos. Cuando los hermanos se quejaron que Dios solo amaba a los blancos, dijeron: "Si Dios solo amara a los blancos, ellos no sufrirían tanto como nosotros. No notas su sufrimiento porque solo ves el tuyo propio."

¡Y era verdad! Ante mis ojos vi el sufrimiento de la Siñá. Tan hermosa y tan dama de todos nosotros. Estaba lejos de todo y parecía que nada más le importaba, y dejó claro que haría cualquier cosa para recuperar al que se fue. ¡Oh! ¡Si tan solo pudiera acercarme a ella y decirle algunas palabras de consuelo! Me recordó el consejo de mi abuela Joana...

"Nunca levantes tus ojos a tus amos; solo responde lo que te pregunten; responde en voz baja y con mucho cuidado a las palabras…"

Recé por el alma de mi señor, tan blanca y tan importante y con el corazón lleno de amor por todos nosotros. Ese hombre era un ángel que Dios puso en nuestro camino.

Pero, sin él, ¿qué sería de nosotros a partir de entonces? Solo Dios puede saberlo, solo Dios…

CAPÍTULO VIII
LA REFORMA

Una tarde, mientras pulía y lustraba los arneses de la finca, tres carruajes de lujo llegaron al patio de la finca. Ya había pasado un año desde la muerte de nuestro bondadoso señor. Sin dejar de trabajar, pero con la mirada fija en los visitantes, observé que los negros detenían a los animales, limpiando las puertas de los carruajes antes de abrirlas.

De uno de ellos saltó un señor alto, de pelo de fuego, que ayudaba a una chica a bajar con su dama de honor. Llevaban ropas extrañas y sombreros decorados con cintas. Eran blancas como flores de lirio.

De otro vagón bajaron dos señores con sombrero y largas barbas, acompañados por dos señoras gordas, abanicándose con abanicos de colores.

La Siñá salió a su encuentro, abrazándolos uno a uno. Los esclavos empezaron a descargar el tercer vagón. ¡Había baúles y más baúles! Y ante mi asombro llegó una carreta de bueyes llena de zinc y baúles de madera. Pronto me llamaron para ayudar a descargar. El joven caballero de cabellos de fuego gritó en su idioma, y uno de los capataces, que entendió lo que decía, nos gritó:

- Descarga todo con cuidado, sin dejar escapar nada, o abrirás un nuevo cepo que instalarás en la granja.

En silencio, comenzamos a descargar los baúles. Sentí un temblor en mi corazón cuando encontré la mirada de ese hombre. Me miró mientras fumaba un cigarro.

Tan pronto como terminamos de llevar todo a los lugares que nos había indicado, el capataz nos despidió, pues ya era de noche. Fui a terminar de guardar los arneses y llevar las hierbas medicinales a los heridos que llegaban del campo.

Todos los días los esclavos regresaban con profundos cortes en pies y brazos, con sabañones, dolores en espalda y brazos, otros con fiebre y diarrea; mujeres con calambres menstruales y sangrado. No faltaron las enfermedades.

Después de la muerte de mi abuela, seguí recolectando hierbas y raíces y ayudando al viejo negro Santino a preparar medicinas, a vendar, con la corteza de algunos árboles, a los pobres infortunados que se quejaban de dolores en piernas, brazos y espalda.

Esa noche no pude dormir, algo me golpeaba por dentro. Ya amanecía cuando me quedé dormido y pronto estaba soñando con mi abuela Joana. Ella me dijo: "Hijo, haz todo con mucho amor en Dios. De ahora en adelante necesitarás mucho de Dios en todas tus horas del día y de la noche. Siempre estaré a tu lado... No dejes de cumplir con tus obligaciones."

Al día siguiente, temprano en la mañana, llamaron a todos los negros al patio donde recibimos órdenes de los capataces. Uno de ellos anunció que ya teníamos un nuevo amo, y que nuestra vida, a partir de ese momento, le pertenecería. Este señor y la nueva Siñá serían los nuevos dueños de esas tierras. Nuestra Siñá se iría con los señores, que eran sus padres. Su hermano se haría cargo de las tierras y negocios que dejó su cuñado.

Esa tarde, nuestra Siñá, acompañada de todos los visitantes, frente al porche de su casa, nos comunicó su partida. Quedaríamos al cuidado de tu hermano y su cuñada, y todo seguiría como siempre. Esa fue su única demanda a nuestro nuevo amo.

Sentí un dolor en el corazón, porque nuestro protector nos abandonaba. No podía explicarlo, pero estaba seguro que nuestras vidas cambiarían, mucho. Pero hasta entonces nada había cambiado. Todos trabajaron según el mismo esquema que nuestro difunto amo.

Hasta aproximadamente diez meses después de su llegada, rara vez veía a la nueva Siñá caminando por la granja. Sí, estuviste caminando todo el día, observando todo. Y también salía todos los días y llegaba tarde a casa. ¡Sin esclavos, los blancos no hacían nada para ganarse la vida! Ciertamente no pensaban que los negros también eran personas; no imaginaban que los negros veían, oían, sentían y entendían todo lo que planeaban.

Sebastián me dijo - en secreto -, que el señor bebía demasiado, jugaba y se involucraba con las mujeres de la casa donde se divertía. Ya podía prever lo que nos sucedería, en cualquier momento, cuando él decidiera quedarse con la finca para siempre.

Una mañana me llamaron para preparar los arneses y engrasar las ruedas del carruaje. Mientras trabajaba, me miraba con una mirada extraña. Y cada vez que se acercaba a mí, sentía un frío recorrer mi cuerpo; y, lo confieso, no sabría explicar por qué. Montaba los caballos que yo domesticaba y trataba, y sentí que lo aprobaba.

Salía a recolectar plantas medicinales al amanecer y regresaba antes que saliera del todo el Sol. Cuando llegué con la bolsa llena de hierbas y raíces, el señor siguió todo el trabajo.

El viejo negro Santino temblaba de edad y temblaba de miedo cuando se acercaba a nuestro señor.

Tres días después de preparar los arneses y los carruajes, llegó el momento de cargar los baúles para el viaje.

Temprano en la tarde, tan pronto como el Sol cruzó el medio del cielo, vi a la Siñá abrazando a la dama blanca y al nuevo amo.

Se quedó quieta un rato, mirando a su alrededor, como despidiéndose de todo. Ajusté los animales al carro y, alzando la vista, me encontré con sus ojos, que me miraban con ternura y bondad. La misma mirada de aquel día que estaba en venta en la plaza pública, cuando ella me salvó.

El hermano la ayudó a subir al vagón y, cuando todos estuvieron sentados, nuestro nuevo amo, saludando a los pasajeros, dio la orden de partir. Las ventanas de cristal tenían las cortinas abiertas y la señora, mirándome una vez más, me saludó con la mano. Quería levantar la mano y también saludarla, pero sabía que no podía hacer eso. Una persona negra, incluso si fuera libre, nunca podría saludar, guiñar un ojo o estrechar la mano de una persona blanca; un esclavo como yo podría hacer mucho menos.

Tan pronto como los carruajes desaparecieron en el camino, nuestro nuevo amo llamó a uno de los capataces que estaba de servicio. Se turnaban para trabajar y, cada semana, algunos iban al campo, mientras los demás se quedaban en la casa de la hacienda.

El señor ordenó que trajeran los macizos baúles de madera con cadenas y argollas de hierro, veinte látigos de cuero crudo, trozos de madera redondeados - las llamadas paletas - y muchos otros instrumentos de castigo, de los que hasta entonces solo habíamos oído hablar.

Se instalaron los cepos y esperamos lo que vendría. Esa noche nadie durmió; amanecimos con el día. Era domingo y luego, la orden: todos los negros de la finca, desde el mayor hasta el más joven, serían evaluados por el amo.

Nos bañamos y nos vestimos con nuestras mejores ropas para presentarnos al señor. Ordenó traer, en primer lugar, a todos los jóvenes negros.

Ante él, y a la luz del día, todos debían desnudarse y permanecer de pie con las piernas abiertas.

Con una amplia regla de madera, por orden del maestro, el capataz midió nuestros genitales; y con una especie de bolsa de goma nos apretó los escrotos.

¡No entendí por qué esa actitud estúpida! Cuando vi a los negros temblando de miedo, me vino un pensamiento terrible: ¿nos van a castrar como castran a los animales? ¡Dios! Si así fuera, desobedecería las enseñanzas de mi abuela Joana.

Los dioses condenaron a cualquiera que quitara la vida a alguien, y sería aun peor quitarnos la nuestra propia. Pero si realmente sucediera lo que estaba pensando, ninguno de nosotros podría seguir viviendo.

Nos despidió, pero escuchamos claramente la orden de traer a la casa a todas las mujeres que tuvieran hasta 25 años y que no estuvieran embarazadas.

Dolor y vergüenza escritos en los rostros de cada uno de mis hermanos en la desgracia. Muchas de esas mujeres eran sus hermanas, novias o compañeras. Nos sentimos humillados, asustados y enojados. Estos sentimientos comenzaban a extenderse entre los hombres.

Pensé en Ritiña. La amaba como si fuera mi hermana de sangre. Nos quedamos en la senzala, bajo la mirada de los nuevos capataces, todos los cuales tenían mal aspecto. Estaban allí cumpliendo las órdenes del amo.

Sentado en un tronco que servía de banco, en el suelo de tierra, dibujé una figura. Al mismo tiempo, mis pensamientos se dirigieron a esas chicas. ¡Maldito barco de esclavos!

Recordé los gritos y la sangre. Niñas llorando y pidiendo ayuda, sin que nadie pueda hacer nada por ellas.

En ese momento, como todavía no sabía nada de la tortura sexual, imaginé que las golpeaban. Sufrí y sufrí, pensando en el dolor y la vergüenza de aquellas niñas. ¡No solo torturaron sus cuerpos, sino también sus almas! Después de todo, ¿qué pretendía hacer el nuevo maestro con las chicas? En silencio pedí a nuestros dioses ayuda y protección para mi abuela Joana. Y oré dentro de mi corazón.

- "Querida madre, fuiste y sigues siendo la luz de mi supervivencia. ¡Ayúdame, por el amor de nuestros dioses!¡Llévame contigo y libérame, abuela mía!

Pasó aproximadamente una hora y media, pero me pareció una eternidad. Las chicas regresaban, algunas cubriéndose la cara con las manos mientras los sollozos sacudían sus pechos. Otras, con vestidos escotados, parecían en estado de shock. Fue Ritiña, mi hermana, quien empezó a hablar:

- Nos dijo a todas que nos quitáramos la ropa. Se puso un guante y nos apretó los pechos y los genitales. Luego, separó a las vírgenes y a las no vírgenes; y ordenó a los hombres que no tocaran a las vírgenes. Los hombres más experimentados se miraron entre sí. Un supervisor de nuestro antiguo amos tomó el sombrero en la cabeza, encendió un cigarrillo de paja y, con voz entrecortada, dijo:

- Por el bien de todos nosotros obedeceremos sus órdenes. Nuestros amos ya no están aquí. Nuestros amos ahora son diferentes. Lo único que les pido es que me perdonen, porque a partir de ahora siento que nuestras vidas se convertirán en pesadillas. No crean que me siento feliz cumpliendo tales órdenes, pero como todos saben, existe una ley mayor, la ley de la vida, y necesito vivir tanto como ustedes.

¡Por primera vez vi a un hombre blanco llorando con negros! Pronto apareció un nuevo supervisor y se lo llevó.

- Les servirás de ejemplo, blanco sucio. ¡A partir de hoy haz lo que dices o recibirás el mismo trato que reciben estos cerdos! - Dijo irónicamente.

Todos se vieron obligados a acompañar a aquel infortunado, desde el mayor hasta el menor, todavía en su regazo. Y cuando los últimos rayos del Sol se escondían entre los árboles, vimos el látigo cortando la carne del infortunado capataz que se atrevió a llorar por nosotros. Luego, le tocó el turno a cada negro de ser golpeado. Y ese día, ancianos, jóvenes y todos nosotros fuimos golpeados en cuerpo y alma. Allí comenzó nuestra pesadilla. Y, en ese momento, descubrí que tenía dentro de mí sentimientos de odio y venganza.

Durante la noche, en la senzala, nadie podía dormir; todos estábamos heridos. Los niños gemían y uno de ellos resultó herido en la cabeza, luchó toda la noche y murió al amanecer.

El día aun no había aclarado del todo cuando tres nuevos capataces, gritando, derribaron a patadas las rústicas puertas de la senzala. Uno de ellos, sin la menor piedad, agarró el pie del niño muerto, suspendiendo el cuerpecito en el aire.

Me miró y dijo:

- ¡Toma esta basura y entiérrala! Le haré saber al coronel que perdimos a un maldito negro.

La madre, encogida de tristeza, miró el cuerpo de su hijo y no lloró. Había un brillo extraño en sus ojos, el brillo del dolor de un alma herida. Hombres, mujeres, niños, todos estábamos aterrorizados y en shock.

- ¡Levántense todos! - Gritó el nuevo capataz -. Hoy se decidirá el destino de todos. Aquellos que se atrevan a hablar o actuar de manera diferente serán cortados en pedazos y delante de los demás. Obedezcan las órdenes del señor y a todos les irá bien.

Salimos en fila india hacia el patio; el señor ya estaba allí, de pie, mirándonos como si fuéramos sus animales. Entonces llegaron los mayorales:

- Señor, aquí está su rebaño. Hay 125 personas negras. Diez mujeres pronto darán a luz a sus hijos; aproximadamente treinta todavía podrán procrear y veinte ya no son aptas para tener descendencia.

Ordenó separar a las niñas - solo a las vírgenes - entre las edades de trece y diecisiete años. Ritiña estaba entre ellas. Había diecinueve niñas en ese rango de edad. Algunos salían con los jóvenes esclavos de la granja. Y, como era costumbre entre los antiguos señores, también esperaban el consentimiento de los nuevos señores para casarse.

Los ojos de las niñas se llenaron de miedo y terror. A los ojos de los chicos, ¡odio, mucho odio, rencor! Y, con respiraciones débiles, esperábamos lo que vendría.

Nuestro antiguo amo nunca nos había hecho cosas tan absurdas a ninguno de nosotros. Y cuando los esclavos eran llamados para recibir órdenes, la antigua Siñá estaba siempre al lado de su marido. Con el nuevo todo fue muy extraño y nunca vimos a esa señora al lado del señor. Y era aun más extraño imaginar que ese hombre fuera el hermano de la amable señora que se había ido. Eran similares solo en sus rasgos, pero sus corazones eran totalmente diferentes.

Las mujeres embarazadas fueron reasignadas a tareas agrícolas; los viejos y viejas hacían la otra parte: hacer queso, cuidar a los animales... Los que no producían lo suficiente eran vendidos o intercambiados por cualquier cosa.

Hombres, mujeres y niños trabajarían en el campo. Yo, de dieciocho años, y otro chico, de diecinueve años, seríamos el ganado reproductor de la granja. Dividió el grupo de mujeres y luego nosotros seríamos responsables de ellas. Ya no sentía mis pies en la tierra...

¡Dios, eso no puede ser verdad! Y en realidad te estaba escuchando decir:

- Miguel, sigue domesticando a los animales y preparando las medicinas. Y les doy un plazo de tres meses para que estas mujeres queden embarazadas.

Las diecinueve vírgenes quedarían bajo mi responsabilidad. Entre ellas estaba Ritiña. Las otras mujeres se quedarían con el otro chico y dentro de tres meses se realizaría otra valoración.

- A partir de hoy, cada uno de ustedes tendrán una habitación independiente. Durante el día, cada uno debe realizar sus propias tareas y, por la noche, no pueden dormir solos. Comerán bien, pero si no veo resultados en el plazo que les he dado, los castraré a ambos. Y las mujeres que intenten evitar el embarazo tendrán - y dijo una palabra que evito repetir -, sus genitales cosidos. Y, en presencia de todos, morirán así. ¡Los quiero a todos llenos! Los que cooperen comerán bien y serán bien tratados; pero los que intenten rebelarse irán al cepo.

Despidió a todos, dejándome solo a mí, que no me sentía en la tierra, ¡tal miedo se apoderó de mi alma! Tan pronto como los capataces llevaron a mis infortunados hermanos a sus tareas, el señor, golpeándome ligeramente la espalda con un látigo y señalando hacia la casa de los capataces, me dijo:

- Esta noche, en esa habitación, harás tu primera prueba. Un macho. Te mostraré cómo se hace. Voy a quitarle la virginidad a cada mujer y luego tú harás lo que sea necesario. A las diez de la noche pediré el primero e iré allí.

Me despidió, recordándome que debía ocuparme de mis propios asuntos. Caminé tambaleándome hacia la senzala. Caí sentado sobre el baúl de madera, sin poder contener las lágrimas. ¡No lo podía creer! ¡No puede ser verdad, solo puede ser una pesadilla! Salí desesperado hacia el cementerio y lloré de rodillas ante la tumba de mi abuela Joana. Le supliqué, tenía cada sentimiento en mi alma que ella me escucharía y vendría a mi encuentro.

Con los ojos cerrados, sentí algo como una brisa que me abrazaba. Y, sin siquiera abrir los ojos, vi y oí, allí, claramente frente a mí, a mi abuela decir:

- "Hijo mío, tu cruz es pesada, pero no estás solo. No huyas, trata de obedecer al señor, y solo así el Señor del Cielo podrá acogerte en su casa, como a un hijo que ha cumplido sus tareas."

Sentí una gran paz en mi corazón. Yo estaba allí, consciente, despierto y vi a mi abuela tan dulce y amable como siempre. Y continuó:

- "Siempre estaré contigo, confía en Dios, amado mío. ¡Él, y solo Él, puede cambiar nuestro destino!"

Me di cuenta cuando ella se alejó. Abrí los ojos y parecía como si hubiera tomado uno de sus medicamentos calmantes. Estaba realmente tranquilo, calmado y sereno. Me levanté, miré al cielo y dije con fervor:

- "¡Hágase tu voluntad!"

CAPÍTULO IX
LA CAMA MALDITA

Eran aproximadamente las diecinueve horas cuando llegó un capataz y me llamó. Me llevó donde estaban comiendo, me entregó un plato de arroz, frijoles y carne cocida.

- ¡Vamos, come ahora! Estoy celoso de ti, negro. Si alguna vez necesitas ayuda, búscame - dijo, riendo.

Tragué la comida sin probarla. Cuando terminé, continuó:

- No te preocupes, date una vuelta… te estamos vigilando. Cualquier paso en falso te saldrá caro.

Caminé hasta la palmera donde solía quedarme las noches de Luna llena. A pesar de la oscuridad de la noche, me sentí reconfortado por ella. Pensé en mi abuela, pensé en mi madre, conservé esa imagen joven, feliz y hermosa de ella. ¿Cómo estaría mi madre? ¿Estaría viva? Con los ojos cerrados, imaginé el rostro de mi padre. ¿Cómo y dónde estaría? El silencio de la noche no pudo responderme.

El capataz me llamó y me estremecí.

- ¡Vamos allá! Es hora de entrar en tu nueva habitación.

Y, tratando de desactivar mis pensamientos, siguiendo mecánicamente al hombre, entré en la habitación. Así que ya estaba todo listo, con una cama cubierta, una sábana blanca y unos cuantos trozos más de cilicio, una vasija de barro con agua y una taza.

- ¡Buena suerte! - Me dijo el capataz saliendo y cerrando la puerta.

No sabía qué hacer... si sentarme en el suelo o levantarme. La ventana del dormitorio estaba cerrada y no podía abrirla. Me quedé quieto, mirando la cama sin el valor de tocarla. No sé cuánto tiempo estuve así. Escuché la puerta abrirse y empujar a una chica de quince años hacia adentro.

Dentro de la habitación. Detrás de ella estaba el señor que, se notaba, ya había bebido mucho.

Dirigiéndose primero a la muchacha, ordenó:

- ¡Quítate toda la ropa!

Y volviéndose hacia mí, continuó:

- Puedes mirar, y después que pare continúas: es tu trabajo.

La niña, temblando, me pidió ayuda con la vista. Agarró a la niña por el brazo y tiró de su falda con tanta violencia que rompió la prenda en dos partes.

- ¿Estás sordo? ¡Quítate esa ropa pronto!

La chica, con los ojos muy abiertos, se quitó el top, luego el otro, dejándola desnuda.

El hombre se quitó los pantalones y, arrojando a la niña sobre la cama, se abalanzó sobre ella como un animal salvaje.

- Tranquila, no durará mucho.

Abriendo las piernas de la chica, que ni siquiera se movía ni gemía, la violó sin pudor alguno. Echó todo el esperma sobre la cara de la niña y luego, tomando un trozo de tela, se secó; se puso los pantalones y, volviéndose hacia mí, dijo:

- ¡Vamos, quítate la ropa! ¡Vamos, sube! Quiero ver si lo aprendiste bien.

Y, mecánicamente, me quité toda la ropa, comencé la relación e hice todo mecánicamente. La niña estaba pálida, su cuerpo temblaba y tenía frío.

Solo se fue cuando estuvo seguro que había eyaculado dentro de la chica. Me senté en el borde de la cama y vi sangre en la sábana. Tiré de la manta y cubrí a la niña. Llené una taza de agua y se la di.

- Perdóname Rosa, Dios sabe que no quería eso.

- Miguel, mi dolor y mi enojo no son por ti, sino por este señor. ¡Vino a deshonrar nuestras vidas!

Se levantó y recogió su ropa rota para vestirse. Entonces recordé la orden del señor:

- "La mujer que se queda contigo solo podrá irse de tu lado al rayar el alba."

- Rosa, no puedes irte, son órdenes del coronel.

Y hablamos de nuestras vidas. Ya era tarde cuando Rosa se quedó dormida. Me quedé despierto, no podía cerrar los ojos, pensaba en cómo sería mi vida a partir de entonces.

Temprano en la mañana, Rosa se despertó y humildemente me preguntó:

- ¿Puedo irme o todavía quieres hacer algo conmigo?

- Puedes irte, Rosa, cuídate un poco.

Ese día deseé haber muerto antes de vivir todo eso sin poder hacer nada. Seguí con mis asuntos y nadé desesperadamente en el río que separaba las montañas de la finca. Cuando regresé a la finca, los capataces susurraban y reían, mirándome.

Ya era de noche cuando el capataz me recordó:

- Ve a recoger tu plato y camina para colocar la comida en tu cuerpo. Ya sabes lo que te espera. ¡Y luego dicen que la vida de esclavo es mala! Ojalá estuviera en tu lugar esta noche.

Fui a buscar el plato de comida, que estaba bien abastecido, luego me dirigí al refugio de la palmera; ese fue mi confesionario. Apareció el capataz diciendo:

- De ahora en adelante, espera afuera a que te llegue el turno de entrar.

Vi a un capataz empujando a una niña que lloraba y luchaba. Me levanté y el instinto humano de ayudar gritó dentro de mí.

Antes de pensar, el supervisor me dio un codazo, lo que me hizo detenerme. La puerta se abrió y empujó a la joven hacia adentro. El señor se fue un rato después, y el capataz gritó:

- ¡Pasa, mono con suerte!

Entré a la habitación y encontré a Nalva llorando, la sábana manchada de sangre. Le di un poco de agua y me senté a su lado. Se acostó y, abriendo las piernas aun ensangrentadas, dijo:

- Vamos, sigue adelante. Estoy cansada y con mucho dolor. ¡Saqué la sábana y cubrí su cuerpo y su desánimo!

- ¡Duerme, Nalva, descansa! ¡Él es el monstruo aquí, no yo!

Se giró boca abajo y empezó a llorar. Me dijo que estaba saliendo con uno de los chicos – Roque - que trabajaba en el campo, un tipo excelente.

Hijo de esclavos domésticos, nació y creció en la finca. Salían en secreto y esperaban la oportunidad de obtener el permiso de sus amos para casarse.

Los hombres mayores ataron a su novio y le dieron de beber para ayudarle a dormir. Quería matarse. Estaba completamente fuera de sí cuando descubrió que ella sería la próxima víctima. Hablamos mucho y lloramos abrazados. Y Nalva entonces me preguntó si había alguna hierba que pudiera matarla. Le expliqué que matar al coronel no resolvería nada en nuestras vidas.

Ella se durmió y yo me quedé despierto, mirando a aquella chica que estaba enamorada. Cuantos sueños no murieron en esa maldita cama. Sentado en el suelo y apoyada contra la pared, me quedé dormido. Me desperté con el canto de los gallos.

Nalva se movió en la cama, giró hacia el otro lado y siguió durmiendo.

¿Qué hacer, Dios mío? Estoy de acuerdo con Nalva en que tenga relaciones sexuales con su novio y trate de quedar embarazada. Entonces el coronel pensaría que estaba haciendo el papel de semental.

No pude evitar verlas siendo violadas por él, pero podría ahorrarles algo. Pensé en Ritiña. ¡Nunca tendría el valor de tocarla!

Era mi hermana, preferiría morir antes que hacerle esto, pensé.

Abrí lentamente la ventana, los primeros rayos del amanecer asomaban en el horizonte. Nalva se despertó, abrió los ojos y dijo:

- Miguel, por favor ven aquí.

Me acerqué a la cama, ella me tomó de la mano y me dijo:

- Cerraré mis ojos y tú debes cerrar los tuyos también. Dios sabe que solo estamos siguiendo una orden. Sabes, Miguel, previendo que las muchachas se entregarían a sus novios, el amo prohibió a cualquier hombre la entrada al cuarto de esclavos; Dormirán en barracas improvisadas.

A nosotras se nos prohíbe caminar y a ellos se les prohíbe acercarse a la casa.

Me estremecí, para que no hubiera posibilidad de engañarlo. Hicimos lo que ninguno de los dos planeó y por eso nos entregamos el uno al otro, con respeto. Se levantó, se vistió y, antes de irse, me dijo:

- Miguel, eres muy bueno, ¡Dios guarde tu alma!

Entonces todo se repitió. Cada noche venía una chica diferente.

Una de esas noches, la sangre se me acabó en las venas, cuando vi que empujaban a Ritiña sobre la maldita cama. Ella se quejó y pidió:

- ¡Por favor, señor, no me haga esto!

Ya estaba acostumbrado a la cantidad de tiempo que pasaba con cada chica.

Se fue, encendió un cigarro y caminó, mientras el capataz me hacía un gesto para que entrara.

Me sorprendió encontrar a Ritiña, todavía desnuda, con los ojos muy abiertos por el terror. Cuando me vio, empezó a gritar. Me acerqué y con un abrazo le pedí que se calmara. Le dije que no le haría ningún daño. Entre sollozos me preguntó:

- Miguel, por amor a nuestros padres, a quienes nunca volveremos a ver, ¡mátame! No quiero volver a pasar por esto nunca más. Si me matas, los dioses te ayudarán y siempre te estaré agradecida.

-.Ritiña, no tenemos derecho a quitarle la vida a nadie. ¿Crees que mi situación es mejor que la tuya? Todos estamos obligados a cometer esta vergüenza entre hermanos. No sé qué pasará a partir de ahora. No tengo el coraje de tocarte. Prefiero morir antes que hacer eso. Pero ciertamente venderán a los que no tienen un niño en el vientre. Sabemos que no todos los amos son iguales, pero no sabemos si otros, por ahí, piensan y actúan como nuestros antiguos amo, que nos trataron con humanidad.

No podía tocar a la chica que veía como mi hermana. Y sufrió pensando en lo que podría pasarle.

Ella se quedó dormida acurrucada y yo lloré recordando nuestro viaje en aquel maldito barco; y cuánto miedo nos dio ver cómo esos hombres brutos se llevaban a las niñas a la fuerza.

¡Ahora tanto ella como yo sabíamos cómo sufrían aquellas desafortunadas criaturas!

Me acosté muy lentamente a su lado y pensé... ¿Qué podría hacer para ayudarla? ¡Y entonces se me ocurrió la idea de involucrar a mi hermano en la desgracia! ¡Sufrimos el mismo dolor! Sí, esa era la única manera que tenía Ritiña de mantenerse segura en la finca.

En medio de la noche, ella se movió, gimiendo de dolor. Toqué su hombro y la ayudé a bañarse nuevamente. Ya preparé agua con hierbas curativas para que las niñas lavaran sus partes heridas luego de la violencia del monstruo.

Antes del amanecer hablé con Ritiña sobre el tema. Cuando le expliqué mi idea, se cubrió el rostro con ambas manos, diciéndome:

- Miguel, necesito confesarte algo: Jade y yo estuvimos saliendo hasta el día en que deshonraste nuestras vidas.

- Mira, Ritiña, si se aman de verdad, encontrarán un poco de felicidad en medio de tanta desgracia. En este momento, tener un hijo será como que nazca una rosa entre los guijarros.

- Pero ¿cómo puede pasar esto? Sus mujeres están separadas de las de él. ¿Cómo podré acercarme a él? - Llorando, me recordó Ritiña.

- Mantén la calma, pensaré en una manera. Me aseguraré que se encuentren. Haz de los momentos que pasan juntos un motivo para seguir viviendo. Pase lo que pase.

Por primera vez desde aquella tortura, me sentí bien. Estaba ayudando a dos personas que se amaban e iba a engañar a ese monstruo. Solo necesitaba pensar en una forma segura de encontrarse.

Y así continuó nuestra vida de sufrimiento. Todos los días, un supervisor comprobaba si realmente iba a entrar con una mujer diferente.

Acostada, sin dormir e inquieto, solo pensé. Un día, mientras Nalva roncaba, surgió la idea que tanto buscaba: Jade podía vestirse con la ropa de Nalva, eran hermanos y yo confiaba en ella. Caminaba con Jade cerca de los supervisores, entraba a la habitación, tomaba un descanso y luego me iba, diciendo que iba a buscar a otra mujer - Podría tomar tantos como quisiera -. Pero entonces, ¿cómo lo haría? No podía salir de la habitación, dejando a los dos solos, ya que los capataces sospecharían y podrían invadir el lugar.

Así que la única salida era dejarlos a ambos en la cama y acostarse debajo de ella.

Hablé con Jade y Ritiña y ambos aceptaron. La noche siguiente, apenas oscureció, fui a encontrarme con Jade, quien estaba vestido con la ropa de Nalva, con la cabeza cubierta como todos los esclavos. Pasamos junto a los capataces, quienes siguieron hablando y no notaron nada. Lo dejé funcionar durante unos cuarenta minutos, como habíamos acordado, y salí hacia el alojamiento de los esclavos, cuando uno de los capataces me detuvo:

- ¿A dónde vas, negro? ¿Dónde está tu mula? - Preguntó con arrogancia.

- Señor capataz, voy a buscar otra mujer, hoy quiero garantizar la producción de mi amo.

- Ve allí, negro, toma tus mulas y haz con ellas lo que quieras, pero presta atención al plazo que diste.

Pronto regresaría con Ritiña. Todavía podía escuchar a uno de ellos comentar:

- ¡Estas chicas negras son tan buenas! Es solo porque ya tengo tres esposas, de lo contrario me aprovecharía de estas mulas calientes.

Sostuve a Ritiña contra mi pecho y hablé en voz baja:

- No les hagas caso....

Entramos a la habitación y allí estaba Jade... los dos se abrazaron y lloraron en silencio.

- Me voy a dormir y creo que hoy dentro de cinco minutos estaré roncando.

Y me fui a dormir en una colchoneta debajo de la cama, porque hacía tiempo que no tenía esa libertad.

Ritiña preguntó entonces:

- Jade, ¿cómo lograste engañar a los supervisores? ¡Ellos también vigilan tu habitación!

- Nalva se vistió y entró abrazando a Macu; y creen que me estoy acostando con ella.

Para tranquilizarlos, todavía delante de ellos, les puse dos trozos de algodón en las orejas y me tumbé. De hecho, media hora después estaba dormido y soñando.

Estaba en mi pueblo y mi abuelo me llamó: "¡Hijo, ven a ver algo!"

Nuestra plantación de palma aceitera estaba llena de racimos amarillos de frutos dorados. Y me abrazó... "Hijo, estoy a tu lado, Dios está a nuestro lado. Tu madre está bien. Lástima que ya no esté aquí. Miguel, cuando veas a tu padre dile que lo queremos mucho. Y tú, hijo, recuerda lo que te dije: somos idénticos a esas semillas que cosechaste."

Nos dirigimos al río, sus aguas serenas eran las mismas. El olor de la comida preparada por las mujeres del pueblo llenó mis fosas nasales. Le pregunté a mi abuelo dónde estaba mi mamá y me respondió: "Está en la colonia con su abuela y otras personas de nuestra familia, incluida tu abuela Joana."

Le dije a mi abuelo que no sabía el paradero de mi padre desde el día que nos separamos. Me consoló: "Trata de estar tranquilo, Miguel. Tu padre está en el mismo plano que tú, trabajando y luchando por su vida."

Me desperté con el canto de los gallos y seguí acostado, sin abrir los ojos. ¡Y por unos segundos pensé que estaba en mi estera, en mi casa, en mi pueblo! Pronto la razón me llamó a la realidad. Pero mantuve los ojos cerrados porque necesitaba preservar cada imagen de mi sueño.

Sin darme cuenta, las lágrimas bañaron mi rostro. Hacía mucho tiempo que no tenía un sueño tan hermoso, todo me parecía tan real. Pero en el sueño no vi a mi madre. ¡Qué pena!

- Miguel, creo que es hora que lleves a tus mujeres de regreso al cobertizo. Los primeros rayos ya están apareciendo en el cielo - advirtió Jade.

- ¡Me quedé dormido enseguida! – Dije -. Hace mucho que no duermo tanto.

- Ritiña y yo no podemos decir lo mismo, porque no hemos cerrado los ojos en toda la noche. Pero fue la mejor noche de nuestras vidas. ¡Muchas gracias Miguel! Si algún día puedo hacer algo por ti, lo haré con todo mi corazón.

Se vistió con la ropa de Nalva y se cubrió la cabeza.

- Te pareces mucho a Nalva - bromeó Ritiña, riendo.

Fui con ellos al cuarto de esclavos y, al llegar, nos encontramos con Nalva vestida de Jade, llevándose a Macu de regreso. Regresé rápidamente y él entró al cobertizo con Nalva.

Y así, Jade y Ritiña pasaron varias noches juntas. Gracias a los dioses, encontraron un momento de privacidad para amarse, aunque había un abismo que nos asustaba.

Una mañana, después de despedirme de Jade y Ritiña, fui en busca de hierbas. En el camino pasé junto a los guardias; fui al galpón, tomé las herramientas y salí a cosechar. Uno de ellos corrió hacia mí y me preguntó:

- Miguel, trae algo para mis pies, creo que son sabañones.

La única luz provenía de los pequeños rayos del amanecer. En lugar de tomar el camino que me llevaba a la montaña, tomé el camino del cementerio.

Entré, me quité el sombrero y me arrodillé junto a la tumba de mi abuela Joana. El olor a hierbas y flores fue como un bálsamo para mi alma.

Cerré los ojos e imaginé su rostro, su dulce voz dándome consejos. "¡Oh! Abuela mía, estés donde estés, te pido que reces a los dioses por todos nosotros.

Gracias a Dios que no estás aquí en este momento difícil para nosotros. No podría soportar verte sufrir a manos de este monstruo. Tus enseñanzas sostienen mi alma, mi querida y querida abuela."

Y, con los ojos todavía cerrados, vi una luz inmensa que se elevaba frente a mí. Me quedé quieto, contuve la respiración... ¿Estaba viendo algo sobrenatural o era producto de mi imaginación? Escuché muy cerca de mí esa voz suave y alentadora:

- "Hijo, Dios está contigo, recuerda, amado mío, cuánto confía Él en tus buenos principios. No huyas de tus tareas, no abandones a quienes más te necesitan. No te quejes de tu suerte, cree siempre en el mañana, y que el mañana es Dios.

Ten paciencia con el Siñóziño, nunca dejes que tus pensamientos se levanten contra él. Recuerda el consejo de tu abuelo: "Eres como aquella semilla de palma que una vez tuviste en tus manos." Imagínate cuánta riqueza podrías dejar en este suelo brasileño. Dejarás el fruto de tu amor, dejarás tu sangre, que correrá por muchas venas. Tu sangre se mezclará, hasta el punto de formar una nueva generación; y recuerda, eres una herramienta para construir todo esto."

Abrí lentamente los ojos y, rodeada de una luz azulada, vi claramente la imagen de mi abuela Joana. Ahora parecía una santa, su cuerpo estaba envuelto en un traje luminoso. Tenía ganas de decirle algo, quería tocarla como antes, pero algo me detenía. Y esa dulce mirada se fue tornando luz hasta desaparecer. Solo entonces me di cuenta y lloré de anhelo y emoción. Lloré y los sollozos sacudieron mi cuerpo.

¡Confié en tus palabras! Ángel de Dios, que me protegió en vida y todavía me protege ahora, aunque estoy en el mundo de los espíritus.

Me levanté, miré alrededor del campo santo y todo quedó en silencio. Hice la señal de la cruz y me fui. Subí a la montaña y fui a las hierbas a preparar medicinas, ya que siempre había muchos enfermos y heridos. Y con las hierbas bajé tranquilamente de la montaña. El sol brillaba en mi cara y sentí gotas de sudor corriendo por mi cuello.

Calculé el tiempo que me dio y solo quedaban tres días. Mientras tanto, ¡tantas cosas habían cambiado en nuestras vidas! Ya no podíamos hablar con nuestros dioses, vivíamos con miedo. Bebía demasiado, salía prácticamente todos los días, regresaba en las primeras horas de la mañana y, muchas veces, escuchábamos los gritos de la Siñá; todo indicaba que la estaba golpeando. Estaba ausente de todo y de todos, no se involucraba en nada. Entonces noté que tenía una barriga enorme, naturalmente iba a tener un hijo, y pensé: muy diferente a nuestra fallecida señorita. Pero, casada con un monstruo, ¡¿qué podría hacer ella?! No puedo juzgar, no puedo... y recordando las palabras de la abuela Joana, calmé mi corazón.

CAPÍTULO X
EL PRECIO DE UNA VIDA

Un domingo, temprano en la mañana, el capataz me llamó, diciéndome que debía presentarme inmediatamente ante el señor. Salí con el corazón acelerado. Frente a él me quité el sombrero y miré hacia abajo, esperando su sentencia. Me di cuenta que Jade, mi desafortunada amiga, estaba a mi lado. El señor, con un vaso en una mano y un cigarro en la otra, gritó:

- ¡Mírenme, negros asquerosos!

Como dos estatuas, levantamos la mirada hacia él sin mover un hueso del lugar.

- Negro Miguel - gritó el señor -, de ahora en adelante tu trabajo se duplicará y aquí todo cambiará. Esta finca podría haber sido la más grande y la mejor de todas, si mi difunto cuñado - que ben paz descanse -, no hubiera creado una panda de negros vagabundos como ustedes. Pero lo arreglaré... ¡Oh, si lo hago! De las mulas que te di, la mayoría están llenas; solo tres o cuatro quedaron atrás. ¡Al menos para eso eres bueno! A partir de ahora serás el único criador de la finca; otros negros solo podrán utilizar los inútiles para la reproducción, o los que ya hayas llenado.

Pronto conocerás tus nuevas tareas, además de las que ya realizas.

¡Ay de ti si empiezas a actuar con suavidad! Ya has visto que estos cepos y látigos de cuero funcionan, ¿no? Mantente a un lado, te llamaré pronto.

Y, señalando a Jade, siguió gritando:

- Acércate, negro inútil - dijo con tanto odio que le tembló la boca.

Se levantó tirándole la bebida a la cara; bajó las escaleras y golpeó al muchacho en la cara hasta que le salió sangre de la boca. Y gritó echando espuma:

- Si abres la boca, te arranco la lengua con mis propias uñas.

Luego, comenzó a patear al desafortunado hombre en el estómago hasta que se retorció de dolor.

- ¡Podría castrarte ahora mismo, inútil! ¿Dónde has visto alguna vez a un hombre negro de tu tamaño embarazar a una sola mujer negra? Sufrí pérdidas incalculables a causa de este desastre. Te di buena comida, beneficios y todo lo demás. ¡Sin mencionar que perdí prácticamente tres meses en reproducción! - Gritó por el capataz, que pronto estuvo a sus pies -.Te daré la lista de nombres y pronto me traes este grupo, así puedo verificar el estado de cada una.

Tráelos ahora con los molambos listos, se venderán e intercambiarán hoy. Hágales saber que vamos a buscar mochila por mochila, y ¡pobre de quien intente llevarse lo que no debe!

Jade se retorció en el suelo, la sangre goteaba de la comisura de su boca. Por orden del amo lo llevaron a un estanque de agua y le lavaron las heridas, le dieron ropa limpia y allí mismo se cambió. El hombre, furioso, dijo:

- Eres el único que no se llevará nada más que la ropa que lleva puesta.

Abatidos, llegaron mis hermanos, cada uno con un pequeño bulto en la mano. El señor les dio la orden:

- ¡Abran esos fardos! ¡Supervisores, busquen todo! - Después de un rato, continuó:

- Está bien, pueden cerrar tus cosas - Y, dirigiéndose a los capataces, dijo:

- Los carros están listos, están acomodando a los negros.

Desesperado, vi a todos los viejos de la finca subirse a los carros, incluido Santino, que era como un médico. Me miró profundamente animándome a seguir cuidando a los que quedaban. Algunas mujeres jóvenes también se marcharon, dejando atrás a sus hijos y maridos.

Algunos niños también abandonaron a sus padres. La última en subir fue Jade. Mirándome, habló en voz baja:

- ¡Cuida de ella y de mi p...!

El carro arrancó dejando una inmensa nube de polvo que separaba la desesperación de los que se iban de la desesperación de los que se quedaban.

El hombre, de pie, golpeándose la manga de la camisa para quitarse el polvo, se pasó la mano por la rala barba y me dijo:

- De ahora en adelante, cuidarás de todos los enfermos. Ayudarás a que nazcan tus crías, seguirás domando a los animales y cuidando sus arneses, además de otras cosas que pretendo hacer utilizándote. Eso es todo por ahora, puedes irte.

El capataz llegó con el caballo preparado para el viaje. Montando un alazán negro, que yo domé, le dijo al capataz:

- Voy a vender este rebaño que ya no sirve y veré si puedo comprar algo mejor.

El silencio en la senzala era general, nadie hablaba. Todos miraban al vacío, tal vez buscando una puerta de salida, sin encontrarla. Me recosté contra la pared, sentándome con la cabeza entre las rodillas. Por mucho que quisiera entender la voluntad de Dios y seguir los consejos de mi abuela Joana, era difícil para un ser humano aceptar todo esto y aun tener fe. Pensé en las palabras de Jade... ¿Ritiña podría estar embarazada? Si lo fuera, cuidaría de ella y de su hijo y haría todo lo posible.

Ya no estábamos seguros de si "irnos o quedarnos." ¿Qué estaba por suceder todavía?

Un pensamiento cruzó por mi mente: "Voy a aprovechar mis conocimientos de hierbas, voy a preparar algo venenoso; tomamos y morimos; Acabamos con todo sufrimiento."

Pero algo gritaba dentro de mí: "De ninguna manera, hijo mío, ayudaría, otros ocuparían su lugar y el sufrimiento no sería menor."

"Entonces te mataré"- respondí a mis pensamientos. Y pronto escuché una nueva respuesta: "Matar al señor sería retrasarlo a él y a los demás en el cumplimiento de sus tareas en la Tierra."

¿Qué hacer entonces, Dios mío?

"Sigan caminando, sigan adelante, el Gran Maestro Jesús vino antes que ustedes y ya abrió el camino por donde deben pasar con su cruz. Sigue, solo sigue y no pierdas la fe… y aun sin verlo ni darte cuenta, hay alguien a tu lado que vela por ti."

Alguien me tocó el hombro. Era Ritiña, delgada, pálida, con una expresión de dolor en los ojos. Extendiéndome las manos me dijo:

- ¡Miguel, seguimos juntos! ¿Recuerdas que en el barco todos encontramos la manera de bromear y sonreír? Tenemos que crear una manera de seguir viviendo y descubrir una manera de encontrar la felicidad.

Abracé a mi compañera de infancia y sí, tenía razón. Teníamos que seguir viviendo y buscar la manera de encontrar la felicidad. Las rosas florecieron entre piedras y espinas, y deberíamos mirar lo bueno en nuestras vidas y aprovecharlo. Había tanta belleza en la tierra y yo todavía existía como individuo. Y, si mi cuerpo fue castigado, usado y despreciado, al menos todavía quedaban mis sentimientos. Necesitaba vivir y ayudar a otros a mantenerse con vida. El ser humano se adapta bien a determinadas situaciones en las que la prioridad es la vida. Poco a poco nos fuimos uniendo más, éramos una gran familia, nuestra unidad era tan grande que causaba miedo entre los capataces. Descubrí que utilizaban un método cruel: hacer que los hermanos negros se odiaran. Por lo tanto, no había riesgo de unidad entre nuestro pueblo, porque un pueblo unido derribará cualquier obstáculo que impida su progreso, por eso los capataces hicieron todo lo posible para enfrentar a negros contra negros. La mayoría de nuestros hermanos ya no se miraban; se sentaron uno al lado del otro sin intercambiar una palabra.

Con calma y con la ayuda de Ritiña y otras mujeres de la senzala, llamé la atención de nuestros hermanos sobre la realidad que nos separaba aun más.

Pronto formamos una cadena de amor y unión entre nosotros. Descubrimos fórmulas para la felicidad. Si no teníamos derecho a esto o aquello, o en lugar de frustrarnos, inventábamos algo que sustituía nuestras necesidades: los domingos, los amos y capataces estaban en la capilla de la finca asistiendo a misa; en silencio, nos reunimos y celebramos a nuestros dioses. La felicidad era la misma para todos, el mismo Dios de los blancos entró en nuestro cobertizo.

CAPÍTULO XI
LA NUEVA GENERACIÓN

Fue un sentimiento maravilloso, la cosecha más grande que jamás haya tenido: la cosecha de la vida. Mis hijos nacieron en mis manos y con cada uno de ellos derramé lágrimas de alegría mezcladas con el miedo a la muerte.

A cada uno de ellos los bauticé con mis lágrimas. Y allí, todos los que nacieron fueron parte de mí. ¡Era como una semilla de palma! Y yo había plantado varias semillas en esta tierra: mis hijos. Se reproducirían y, extendiéndose por el territorio, formarían una nación grande y fuerte.

Miré cada uno de sus rostros inocentes y no pude contener las lágrimas. ¿Qué sería de estos niños? Tan inocentes que apenas sabían qué esperar del destino.

Mi lucha fue enorme, pues acumulé varias tareas en mis funciones. Trabajé desde los primeros rayos del alba hasta las últimas horas del día. Ya no tuve tiempo para pensar en mí. Me acostumbré a ver la salida y llegada de varios hermanos, que eran comprados o vendidos. Y el cambio de capataces, algo constante en aquella finca.

Ahora no solo bebía sino que también jugaba. Cada semana llegaban otros agricultores y pasaban la noche bebiendo, jugando y divirtiéndose en el gran salón de la granja. Y, con estos hombres, unas mujeres que pasaban la noche con ellos y cobraban por servirles.

La señora tenía un niño blanco como el algodón y ya volvía a tener una barriga enorme. Pobre señora, pensé, porque además que su marido salía prácticamente todas las noches, también traía mujeres a su propia casa. Y, como decía mi abuela Joana, "¡los blancos también sufren mucho! Y la señora es una víctima, vive sola, no tiene amigos o familiares para ella."

Una noche, estaba terminando de engrasar los arneses cuando vi a dos capataces que salían apresurados y comentaban:

- Vamos a buscarlo, señor. ¡Urgente! ¡La señora va a dar a luz!

Y allí mismo, donde estaba, dije una oración por ella. Sabía cuánto sufre una mujer durante el parto. Blanco o negro, el dolor era el mismo.

Al otro día, mientras hacía mis asuntos, me enteré que dos parteras y un médico blanco estaban peleando junto a Siñá, que parecía estar muriendo. Ella ya había perdido las fuerzas y el niño no nació. Me sentí angustiado, me afectó el instinto de caridad y de salvar una vida.

¿Podría ser porque nuestras vidas no tienen valor para los blancos? Incluso pensé en esta hipótesis, pero pronto recobré el sentido. ¡Por supuesto que no fue eso! La vida no tiene precio, la vida no es solo un cuerpo, sino cuerpo y espíritu y, por tanto, ¡un todo!

¿Qué pasaría si me ofreciera a ayudar a la señora? ¡Tenía que estar loco! Sería capaz de dejarme tres días en el cepo sin agua ni comida.

Me consolé pensando que, ciertamente, un médico blanco es como un dios; si no puede ayudar, imagínenme. Recé a los dioses y les pedí que no abandonaran a la Siñá.

Ya era de noche cuando un capataz llegó al cobertizo donde yo cuidaba los arneses.

- Negro, ve a tu herbario, toma lo que tengas que llevar y ven rápido conmigo a casa del amo. Si logras salvar a su hijo, posiblemente mueras de viejo en esta finca. ¡Date prisa, date prisa!

Corrí al cobertizo, agarré todo mi equipo de trabajo, incluidas hierbas para baños, infusiones y té. Yo mismo había hecho las herramientas. Y pensé: "¡Cómo es el destino! ¡Voy a usar las mismas herramientas con la mujer blanca que uso con las mujeres negras! ¡Y que Dios me ayude a salvarla!

Cuando llegué a la puerta de la casa grande, encontré al hombre completamente borracho, quien me habló duramente:

- ¡Si dejas morir a mi hijo, no saldrás sano y salvo de aquí! Entra con respeto, y solo sal dejando a mi hijo vivo al lado de su madre. Negra, llévalo a su habitación, y ayúdalo en lo que necesite.

Cruzamos un pasillo enorme y, al llegar a la puerta, el médico y las dos mujeres de blanco fruncieron el ceño y se marcharon sin decir palabra. La señora estaba pálida y fría y respiraba con dificultad. Me acerqué y le tomé el pulso; era obvio, su corazón estaba débil. Le pedí a la negra Tiana que hiciera un té de canela con pimienta costeña y trajera agua caliente, jabón, sal gorda, toallas y una lata de brasas.

Cuando toqué el vientre de Siñá, noté que eran dos niños, uno abrazado al otro. Y posiblemente uno de ellos estaba muerto. Levanté la cama con la ayuda de las mujeres que atendían en la habitación. Empecé a acomodar a los niños, separé las dos cabezas que estaban unidas en la posición de nacimiento. Seguí animándolos con suaves masajes. Además de débiles, fueron lastimadas por la violencia de las parteras y del médico blanco. Hice que la señora bebiera el té, le frotamos el cuerpo con hierbas que activan la circulación, calenté la habitación, vertí sobre las brasas resinas que ayudan a la oxigenación. Ella reaccionó mejor. ¡Le di gracias a Dios!

Media hora de trabajo y apareció en mis manos la primera cabeza, mostrando todo el cuerpo. Me volví tan sensible a la vida que, en ese momento, no vi a un niño blanco o negro, solo un pequeño ser inocente. Tiana secó las lágrimas que corrían por mi rostro.

Le entregué el niño a Tiana, quien se encargó de limpiarlo y seguí ayudando al otro a nacer. Vi emerger una cabecita y un cuerpecito tan morado que parecía un niño negro. No lloró cuando le corté el cordón umbilical. Era una niña y apenas respiraba. Estaba medio muerta. Con las yemas de mis dedos masajeé su corazoncito; Ella respiraba muy fuerte.

El miedo se apoderó de mí, recordé las palabras del hombre: "¡Si dejas morir a mi hijo, no saldrás sano y salvo de aquí!"

Rápidamente envolví el cuerpo de la niña en una toalla y le dije suavemente a Tiana:

- Sácala de aquí y escóndela en el cobertizo. Pídele a Nalva que la cuide hasta que yo regrese.

Corrí hacia la Siñá, la reviví y, a los pocos minutos, recuperó el conocimiento. El niño estaba bien y entró acompañado de las parteras y el médico.

- Sí... a veces, estos negros son capaces de hacer cosas imposibles, sobre todo cosas malas - Comentó el doctor de blanco, arrugando la nariz.

- Puedes irte, el médico ahora se encargará de ellos - respondió el amo.

Casi me escapé, mi corazón latía rápido. La niña ya debía estar muerta y, en la noche, yo me ocuparía de enterrarla, pensé. No cometí ningún delito, no tuve la culpa de su muerte, pensé en mis hijos, que me necesitaban.

Al entrar al cobertizo, Nalva vino corriendo a mi encuentro.

- ¡¿Miguel, estás loco?! ¿Qué vas a hacer con tu hija?

Antes que pudiera responder, la escuché llorar débilmente, pero luchando por su vida. Me acerqué a la red y exclamé:

- ¡Dios mío, está viva! ¡Que todos los dioses me ayuden! ¡¿Qué debo hacer ahora?!

Las mujeres rodearon la hamaca admirando a la pequeña, que se movía y gemía.

Y Ritiña me dijo, conciliadora:

- Pensaremos qué hacer con ella. Intentaré que amamante. Mantengamos la calma. Ve a descansar, Miguel, que yo me encargo de la niña.

Me acosté sin poder sentir sueño, las preguntas bullían en mi cabeza. ¿Cómo haría para devolver a su hija? ¿Cómo podría mantenerla entre nuestros niños negros? Sería difícil convencer a los amos blancos que era hija de una mujer negra.

Me levanté y me dirigí a la hamaca donde dormía Ritiña con su hijo y la pequeña.

- ¿Cómo está?

- Muy bien. Amamantó, ya orinó y respira normalmente.

- Ritiña, ¿qué voy a hacer ahora? Esta chica es la hija del señor. Supuse que estaba muerta, así que le pedí a Tiana que la escondiera. El hombre no sabía que había dos niños y me amenazó diciendo que si dejaba morir a su hijo no saldría sano y salvo de casa. Pensando que la chica no se había resistido, hice lo que hice.

- Tranquilo Miguel, ve a encargarte del trabajo y ya pensaré una manera de ayudarte.

Ese día fue el peor de mi vida en la finca, porque me metí en problemas y no veía salida. Tuve varios pensamientos: ¿y si mato a la chica? Dios, que pensamiento tan horrible, nunca haría eso. "¿Y si hubiera una manera de dejarlo en la puerta de su casa?" Sería mi fin. ¿Y quién puede garantizar que creerá mi historia? ¿Mantendríamos a la niña escondida entre los negros? Podría ser una salida, pero ¿hasta cuándo? La niña seguramente sería tan blanca como las nubes, con ojos tan azules como el cielo y su cabello tan amarillo como el oro.

Pasé el día fuera, esperando que cuando regresara algo me sugiriera qué hacer. Entré lentamente al galpón, Ritiña vino a mi encuentro y me dijo:

- Duerme como un ángel, amamantó, tomó té, orinó y defecó.

Todo normal. Mira Miguel, hablando con todas las mujeres llegamos a una conclusión: cuidemos a la niña y la tengamos aquí en el galpón. Con el tiempo, nuestros dioses mostrarán una manera de resolver el impasse. Lo hecho está hecho, no hay vuelta atrás. ¿Le damos un nombre? Piensa en un nombre.

- ¡Llamémosla Joana!

Y así pasaron los días. Joana era una muñeca, dulce, risueña, de ojos azules y cabello rubio; Le aparecieron los primeros dientes, gateaba por todos lados, era nuestro bebé.

Una tarde vi a Siñá con el niño en brazos y me quedé sin aliento del susto que me dio. ¡El niño era idéntico a nuestra Joana! Se lo mencioné a Ritiña, quien me recordó:

- Miguel, si ellos dos son gemelos, ¿qué te gustaría que pasara?

- Tienes razón – pensé en voz alta. Vi a mis hijos crecer, gatear, caminar, abrirme los brazos y sonreír. Marcelina, una de mis hijas, tenía los ojos y la sonrisa de mi madre. Cada vez que me miraba sonriendo, derramé lágrimas de anhelo. Joshua era la viva imagen de mi padre; y los demás se parecían a mí. Y allí estaba mi familia.

Ya no podía decir que me sentía solo, porque mis hijos me rodeaban y llenaban mi corazón de alegría.

Joana ya era mayor, quería salir a jugar con las otras niñas y era difícil explicarle que no podía salir. Las niñas preguntaron por qué era tan blanca y tenía el pelo amarillo y los ojos azules. Fue difícil explicarles a mis hijos pequeños la diferencia entre ellos. Amaba a Joana tanto como a mis hijos. En mi tiempo libre me sentaba en el suelo con ellos a contar historias y más historias.

Un día Nalva me llevó aparte y me dijo:

- Miguel, mira lo que hice para aplicarlo en el cabello de Joana -. Era un barro negro con algunas conchas. La ropa y el cabello se volvieron blancos. ¡Me pareció excelente la idea!

- Joana, con el pelo teñido de negro, podrá disfrazarse entre nuestros niños y jugar fuera del cobertizo. Y, de lejos, los capataces no sospecharán - argumentó Nalva.

El cabello rubio se volvió negro. Nalva y Ritiña vistieron a la niña con ropa larga y le pusieron un sombrero en la cabeza. Joana jugaba en el patio de los esclavos con las demás niñas sin correr ningún riesgo, pero siempre vigilada por las mujeres. Y así la vida siguió su camino.

Escuchamos muchos comentarios de los supervisores, especialmente que estaba empeñando todos tus bienes en el juego. El amo nunca volvió a comprar nuevos esclavos y todas las tareas las hacían los que se quedaban. Y aunque el trabajo fue arduo, tuvimos un consuelo en que, como no trajo nuevos esclavos, nunca volvió a vender ninguno de los nuestros.

Una tarde, el capataz me llevó donde el hombre, quien, sentado en una mecedora con un vaso en la mano, me indicó que me acercara.

- Negro Miguel, las cosas no están bien aquí en la finca. Tenemos muchas bocas que alimentar y poca mano de obra. Como eres un hombre negro que sabe manejar caballos y medicinas, te alquilaré a los granjeros del vecindario para recaudar el dinero que necesito. Presta mucha atención: serás llevado por uno de nuestros capataces, serás entregado al capataz de la finca y allí prestarás tus servicios. Entra con la boca cerrada y sal del mismo modo. Por la tarde, el capataz te recogerá y te traerá de vuelta.

Un paso en falso y sabes lo que puedo hacer. Mañana temprano comenzarás en una granja cercana a aquí. Lleva tus cosas para domar caballos y las hierbas para tus botellas. Ten cuidado con lo que haces, no te voy a vender, te voy a alquilar.

Comenzó entonces una nueva etapa en mi vida. De una forma u otra, respiré el aire fuera de la finca. Vi diferentes cosas y personas. El viaje a las fincas me trajo grandes recuerdos de mi vida pasada.

Mantuve claramente la imagen de mi padre y, por todas partes, veía negros de mediana edad y lo buscaba. Quién sabe, quizá estuviera allí, entre los demás negros, pensé.

La vida de Joana se volvió cada vez más difícil entre nosotros. Ritiña me propuso llevarme a la niña y dejarla en una finca donde los señores blancos, o incluso un capataz, pudieran cuidarla.

- ¿Cómo puedo hacer eso, Ritiña? La muchacha seguiría siendo descubierta en la granja de nuestro señor.

Le das algo de beber, algo que la haga dormir unas horas, la envuelves en un paño y la metes en una bolsa. De esta manera estarás ayudándola y salvándonos de desgracias mayores en el futuro. ¡Piensa en el destino de tus hijos!

- Lo pensaré, Ritiña.

Empecé a analizar a cada Siñá que conocía y, aun sin hablar con ellas, pude ver el alma de cada una. Y fue la Siñá Luzia la que más me llamó la atención, porque me recordaba a nuestra antigua Siñá. Ella era tranquila y educada. La observé un día pasar afectuosamente su mano por la cabeza de un niño negro, y esa actitud fue suficiente para convencerme que tenía razón.

Desobedeciendo discretamente las órdenes de mi amo, inquirí y supe que la señora no tenía hijos y era una santa para sus esclavos.

Era rentable para mi señor, ya que todos los agricultores de la región me demandaban. Me di cuenta de las ofertas que recibía mi amo por su esclavo, en este caso yo.

Un mes después, le comenté al supervisor que necesitaba ollas y sartenes para preparar las medicinas. Ese día le entregué un frasco lleno de hierbas amargas para sus problemas de hígado. Lo que no sabía era que, entre las vasijas, vasijas de barro y hierbas, había un pequeño cuerpo dormido. Me llevé a Joana conmigo. Cuando llegué a la finca, el capataz trajo a un hombre negro para ayudar a llevar el material al cobertizo. Cargué con cuidado el cuerpo dormido de Joana y, en cuanto me quedé solo, la liberé de los trapos, acaricié su rostro sonrojado y lloré.

- Perdóname Joana, nunca pensé en lastimar a nadie y menos a ti. Te amo desde el fondo de mi corazón, pero no puedo estar contigo. Dios, que es el pastor de todas las ovejas de la Tierra, te guiará mejor que yo.

Caminé por la casa grande, recogiendo algunos palos secos; La señora estaba recogiendo rosas en el jardín y cuando me vio sonrió y me llamó.

-¡Ah! Que bueno verte aquí. ¿Es esto hierba o maleza? - Me preguntó, sosteniendo una planta.

- Eso es un rompepiedras, Siñá. Es un remedio sagrado para los cálculos renales.

- Así que dejémoslo crecer. Puedes encargarte de tu trabajo, no quiero molestarte. Me encanta cultivar rosas. Aquí en Brasil, el clima en esta época del año es excelente para los rosales. Nunca había visto rosas tan hermosas y fragantes.

Se alejó llevando un puñado de rosas de colores. Los alrededores de la casa estaban desiertos. El capataz fue a buscar los animales al campo para engancharlos. Los esclavos estaban ocupados con sus tareas. ¡Ese fue el momento!

Corrí hacia el cobertizo donde dejé a Joana. Le quité la ropa de esclava y la arrojé al fuego donde hervían mis hierbas. La envolví en una sábana para que nadie sospechara de mí. Tomé a la niña, que sudaba mientras dormía, y la coloqué en el umbral de la casa grande. Regresé al cobertizo y seguí revolviendo la olla, con lágrimas goteando de mis ojos.

El sol estaba en medio del cielo, era mediodía, cuando escuché la prisa afuera. Escuché llorar a la niña, que ya estaba despierta. Desde lejos, siguiendo todo, yo también lloraba. La Siñá entró a su casa con Joana en brazos. Ahora Joana estaba en el lugar indicado, dentro de la casa del amo. Ella no nació en el barrio de esclavos, pero era una Siñáziña.

El capataz llegó con los animales. La señora, con la niña en brazos, preguntó en voz alta:

- Manoel, ¿no viste entrar aquí a nadie extraño?

- Señora, si usted entró fue cuando fui a buscar los animales; pero no vi ningún movimiento diferente en el camino.

El capataz se dirigió a mí, quien fingió tener los ojos rojos por el humo.

- Miguel, sé que estuviste involucrado con tus medicinas, pero dime de todos modos: ¿viste a alguien entrar aquí con una niña en brazos?

- No Siñá, no vi nada. Y, para decir que no salí de aquí, fui al jardín a recoger unas ramitas, cuando la Siñá, recogiendo rosas, me preguntó por una hierba, pero pronto regresé.

- ¡Y...! Hay cosas que no se pueden explicar. Esta chica debe ser la propia hija del señor con una de esas mujeres con las que anda. Bueno, la señora no tiene hijos, puede criar a una de su marido. ¡Lo peor es que me la dejarán! Pensarán que fue mi descuido y seguramente me enviará al campo.

Ese día regresé a la finca sintiendo que un pedazo de mi corazón había quedado atrás. Me acordé de Joana, su cara dulce, sus ojos azules brillando cuando vio una fruta frente a ella. De todos modos, Joana fue amparada, pero me dolía la conciencia. ¿Cómo podría juzgar a los blancos que tomaban niños de los brazos de sus madres? Tomé a Joana de su madre, de su casa.

Pasaron dos años y yo tenía muchas ganas de regresar a aquella finca y, desde lejos, observar a Joana junto a su hermana. Bien vestida, con el cabello trenzado hasta la cintura, aretes de oro en las orejas, sus ojos azules adornando su rostro sonrojado, parecía un ángel de Dios.

En la granja las cosas empeoraron. El amo parecía loco, gritándole a su ama en presencia de los capataces y esclavos. Los campos de cultivo estaban terminados; los esclavos vestían harapos y la mayoría andaba sin zapatos; las viviendas de los esclavos estaban sin esteras y necesitaban reparaciones, faltaba comida, ya no sabíamos qué pensar para alimentar a los niños. El capataz llamó a todos al patio, donde nuestro señor estaba junto a un joven. Entonces, nos informaron que, de ahora en adelante, este sería nuestro nuevo amo. En una semana se haría cargo de la granja y de nosotros.

Entonces el nuevo señor, señalándome, dijo:

- El único cambio, a partir de ahora, es que el esclavo Miguel ya no saldrá de aquí para trabajar en otras fincas. Me informaron que sales prácticamente todos los días a brindar servicios. A partir de hoy, solo trabajarás en mi granja.

En lugar de alegrarme pensé: "¡Dios mío, no volveré a ver a Joana! Los dioses me castigan y llevaré una carga en mi conciencia por el resto de mi vida. ¡Si tuviera mil vidas, las daría todas a cambio de su vida! Y recordé todo lo que escuché de entidades: "tarde o temprano, tu propia conciencia será tu juez."

Me dijeron que había cometido un delito al separar a Joana de sus padres. Que existía la Ley del Retorno y algún día tendría que reparar este mal. Una semana más tarde, ayudé a cargar los baúles de viaje de mis amos. Vi a los dos niños subir al carro y sentarse junto a su madre. La señora se fue silenciosamente, del mismo modo que llegó.

Se fueron a tierras lejanas, me dijeron que el lugar se llamaba Francia. Ya no estaban, pero guardamos un gran secreto: Joana. Seguramente nunca conocería a sus verdaderos padres. Y nunca sabrían que eran los padres de un ángel tan hermoso.

CAPÍTULO XII
EL ENCUENTRO

Llegó nuestro nuevo amo y lo primero que ordenó fue vestir y calzar a los esclavos. Luego, llenó las despensas con mucha comida.

Ordenó arrancar todos los troncos y barrer el patio. Renovados todos los galpones. Pintó la casa grande de blanco y mandó construir un jardín a su alrededor.

La casa parecía diferente. A la finca se trajeron muchos bueyes, caballos, negros y semillas. A los pocos meses, los campos estaban cubiertos de cultivos.

Estaba libre de la obligación como criador. Cada hombre debía elegir a su esposa, ya que el amo consentía la unión entre ellos. Me sentí otra vez como una persona. Trabajé con amor, vi a mis hijos fuertes y bien cuidados y eso era todo lo que podía desear de Dios. Un día me preguntó:

- Miguel, sé que te obligaron a tener hijos, tanto que todos los niños de aquí se parecen a ti. Pero todo eso se acabó.
Eres el mejor hombre negro de esta granja y quiero que consigas una esposa, porque no es justo vivir solo. Sabes Miguel, en estos próximos seis meses me casaré. Cecília no es solo una mujer... es un ángel. Quiero que ella sea muy feliz en esta granja. Quiero ver felices a mis esclavos también, olvidar lo que pasó y encontrar una novia con quien te cases.

Me quedé sin palabras, respiré hondo y respondí en voz baja:

- Señor, en estos momentos me siento tan feliz de poder dormir y despertarme sin miedo, que tengo miedo de involucrarme con una mujer.

- Está bien Miguel, pero si cambias de opinión ven a hablar conmigo.

Les dije a Nalva y Ritiña que pronto se casaría y que tendríamos una nueva Siñá en nuestras vidas. Me dijo que ella era una santa y ahora reinaba la paz entre nosotros.

- Oremos para que sea verdad - comentó Ritiña.

Nos alegró la llegada de la señora, que tenía ojos color miel y cabello negro y liso. Muy diferente a las otras damas. Por la noche la oímos tocar el piano; fue lo más hermoso de nuestras vidas.

Un buen día nos llamaron al patio de la casa grande y encontramos a la Siñá de la mano del señor. Y eso nos dio una gran seguridad.

El señor, mirando a la señora y luego a nosotros, dijo:

- Su señora notó que aquí faltan hombres y mujeres de mediana edad. Ella piensa que las personas más experimentadas tienen mucho que enseñar. Voy a conseguir algunos abuelos para sus hijos. Personas que puedan ayudarles con sus experiencias de vida.

Nos miramos atónitos, parecía un sueño o una broma.

Quince días después, Ritiña y Nalva recibieron instrucciones. Los cuarteles construidos junto al de mujeres deberían estar preparados para recibir a nuevas mujeres; y otro galpón, al lado de los hombres, para recibir a los nuevos esclavos.

Una mañana, un capataz acompañó a los amos al mercado, donde se celebraba una subasta de esclavos. Con nosotros se quedó otro capataz, que era más un amigo que un capataz.

- ¡Estábamos emocionados!

Ritiña bromeó conmigo:

- Quién sabe, tal vez llegue una chica nueva y te enamores de ella. ¡Necesitas casarte!

El Sol ya estaba bajando por el horizonte cuando vimos los carros apuntando hacia el camino de tierra. El capataz me llamó para ayudar a recibir la mercancía. Retiramos cajas de compras, herramientas agrícolas, semillas, queroseno, miel y otras cosas para la granja.

Detuvieron dos carros más, pero las mercancías que había en ellos eran personas. Mientras ayudaba a las mujeres a bajar de sus asientos, me quedé asombrado: ¡eran nuestras viejas negras las que regresaban! Empecé a llorar ahí mismo,

Ellas tampoco pudieron contener las lágrimas. Luego seguí ayudando a los demás, que se estaban subiendo al carro, como Santino, Sebastián y otros negros vendidos años antes. ¡Y una gran sorpresa más! Vi a un hombre delgado, al que le faltaban dientes y con muchas cicatrices en los brazos; ¡Pero estaba allí, vivo y de regreso, Jade! Finalmente, Ritiña pudo casarse y ser feliz.

El último anciano que se bajó del carro era cojo, tenía el pelo blanco, un rostro delgado que mostraba la marca del sufrimiento pasado; y él no era un esclavo en nuestra granja.

Ayudé a llevarlos al cuartel de hombres y traté de instalarlos. Les entregué ropa limpia, indicándoles dónde debían hacer sus necesidades y bañarse. Luego regresé al patio y en voz baja le comenté a Ritiña que Jade había regresado. Ella gritó, mordiéndose las manos, sosteniendo mi manga de la camisa, preguntándome si no me había equivocado.

- ¡No puede ser verdad! - Repitió, queriendo correr hacia el cobertizo, pero no la dejé salir.

- Ritiña, escucha, ya esperaste mucho, espera un poco más, pronto podrás estar con él y presentarle a tu hijo.

Nalva entró con los ojos llenos de lágrimas:

- Miguel, tus pobres abuelas tienen las venas hinchadas y heridas en los pies, creo que vas a tener que preparar mucha medicina.

Entre los viejos negros que conocíamos, vinieron dos mujeres negras y un viejo negro que no formaban parte de nuestra historia en la finca. Eran las abuelas Carolina, Marcelina y el abuelo Firmino. Las ancianas negras, además de enseñar a las mujeres a cocinar, bordar, coser y cocinar ollas, contaban historias a nuestros hijos y nos bendecían a todos, con las órdenes del Señor.

Empezamos a celebrar nuestras reuniones una vez por semana y, por la noche, al aire libre, hablábamos con nuestros dioses, las entidades.

Los viejos negros enseñaron muchos secretos, como cómo extraer leche de las vacas, cómo partir madera, pescar, plantar cultivos y cómo incubar huevos de gallina en la Luna correcta.

El negro que cojeaba llevaba un sombrero de paja y hablaba poco, hacía morteros, bebederos, arreglaba todo en la casa grande y hacía juguetes para los niños.

Al verlo tallar la madera de un mortero, dije:

- Firmino, al verte hacer eso me acordé de mi padre. Era un maestro en la fabricación de morteros, canoas y muchas otras cosas.

Sin levantar la vista preguntó:

- ¿Tu padre ya está muerto?

- No lo sé, Firmino. Cuando nos separamos yo todavía era un niño.

- ¿Quieres un consejo, hijo? Haz de tu regalo el camino que te llevará hacia tus seres queridos. Olvida lo que dejaste atrás. Nuestra historia no tuvo comienzo en esta vida, y todo lo que nos haya podido pasar ya estaba programado por el Padre Más Grande.

- Tienes razón, Firmino, cambiemos de tema.

Casi un año después que Firmino llegara a la finca, ya había aprendido muchas cosas buenas de él. Siempre tenía una palabra de consuelo para cualquiera que acudiera a él.

Hablaba poco, pero sus palabras eran sabias y me encariñé mucho con él.

Nos contó que cojeaba en una pierna tras pasar una semana en el cepo bajo el sol y del sereno, por un castigo que no quiso desvelar. El nervio se contrajo y nunca volvió a la normalidad. Pero eso no era motivo para rebelarse. "El cuerpo está hecho de arcilla y quedará atrás. Un alma sana es todo lo que necesitamos para seguir adelante"- afirmó.

Una noche de Luna llena, sentado bajo la misma palmera, un amigo mío durante mis horas de agonía, una de las entidades que vino a consolarnos me dijo: "Hijo, siempre estás buscando una estrella en el cielo y no te das cuenta de que hay una luciérnaga tan cerca de ti... A veces, hijo mío, no nos damos cuenta que nuestro sueño también madura y cambia. No busques en el cielo lo que puedes encontrar aquí en la tierra. Mira más el presente y deja de pensar en un pasado que ya no existe. Ni para ti ni para quienes aun habitan tus sueños."

Escuché tantas cosas hermosas, pero no entendí el porqué de las palabras de mi amigo. Pasé la noche en vela, recordando los consejos y palabras de la entidad llamada padre Juan de Aruanda.

Un sábado por la noche, el capataz vino a traer anzuelos y cordel para todos los hombres, avisándonos que, a la mañana siguiente, iríamos a pescar al estanque de la finca.

El pescado capturado se mostraría al señor y él decidiría qué hacer. Parecía un sueño, todos los hombres juntos, pescando y jugando, lejos de los problemas raciales que nos separaban del mundo. Pasamos media noche atando los anzuelos a los hilos que tejimos. Preparamos el machete para cortar el bambú, la azada para cavar la tierra y recoger las lombrices, la canasta para guardar el pescado. Las mujeres estaban entusiasmadas, porque el señor era muy generoso y seguro que comeríamos un buen pescado. Ya estaban preparando los moldes y la harina para hacer el pirão y todo lo demás.

Me paré junto a Firmino al borde del estanque y él me enseñó a lanzar la caña y pescar. No pasó mucho tiempo, nuestra cesta ya tenía una cantidad razonable de pescado. Inicié una conversación con él sobre lo que escuché del padre Juan de Aruanda.

- Creo, hijo, que deberías olvidar todo tu pasado y tratar de ver las cosas buenas que te ofrece el Padre Mayor. ¡Este día por ejemplo es una bendición de Dios! No mires solo con un ojo, mira a ambos lados. Cuando empieces y veas con ambos ojos - el cuerpo y el espíritu -, descubrirás que todo lo que pasamos en esta vida vale la pena.

- Fui castigado en el alma, Firmino, ¿es justo pagar por lo que no hice? - Dije con resentimiento.

- Pregúntale a Dios, hijo: "¿Te debo mucho, Señor, por todo lo que he hecho?" - Respondió Firmino.

- Además de todo lo que sufrí, también me obligaron a ser semental de la finca. La mayoría de los niños, de entre cinco y seis años, son mis hijos, Firmino.

- Bueno, hijo mío, aunque tus hijos no son libres bajo las leyes de los blancos, tú los tienes libres ante tus ojos. Muchos, como yo, tuvimos a nuestros hijos libres y los perdimos para siempre en esta vida. Aun así no me quejo al Señor que está en el cielo, porque sé que algún día los tendré de vuelta.

- Entonces, ¿tuviste hijos?

- Tenía libertad, una casa, una esposa e hijos.

- ¿De dónde vienes?

Antes que Firmino pudiera responder, el capataz nos llamó mostrándonos un pez de aproximadamente un kilo y medio que había pescado. ¡Era una fiesta y todos querían ver los peces!

Regresamos a nuestra casa y pronto yo estaba instando a Firmino a hablar de nuestras vidas. Algo me unía a él, disfrutaba de su compañía y me daba mucha paz.

Ya eran más de las once de la mañana, hablamos de muchos temas y las palabras de Firmino fueron como un bálsamo para mi corazón. Permanecimos en silencio unos minutos y luego fue Firmino quien habló:

- Cuéntame un poco sobre ti, Miguel. ¿Naciste aquí mismo en la granja?

- No, yo no nací aquí, Firmino. Llegué cuando tenía siete años y unos meses. Me compraron unos señores que fueron tan amables con nosotros como los señores actuales.

Me secuestraron junto con mi padre. Nací en un pueblo cerca de Angola, creo que está al otro lado del mundo. Digo esto por lo largo del viaje hasta aquí.

Vinimos en un barco de esclavos. A mi padre lo vendieron y se lo llevaron. Seguí en el mercado y como dije, me compraron los amables señores. Fue la última vez que vi a mi padre. Sueño mucho con él y daría cualquier cosa por saber si todavía está vivo. Caminé por estas fincas, en una época en la que nuestro antiguo amo me contrataba para prestar otros servicios. Presté atención a cada persona negra que pensé que tenía edad suficiente para ser mi padre. Pero todo fue solo una ilusión. No puedo aceptar el pensamiento que nunca más volveré a ver lo que dejé atrás, mi madre, mi padre. Mi madre se quedó allí, no sé qué pudo haber pasado, pero aun le quedaban hijos, padres y amigos.

Mi padre y yo perdimos todo y a todos. Si tan solo estuviéramos juntos, nuestras vidas no serían tan tristes.

Seguí hablando de mí, de mi querida abuela Joana, de mis sufrimientos y revueltas, de las apariciones en el cementerio y de los sueños con mi abuelo. Cuando dejé de hablar, noté que Firmino sostenía el palo, temblando. Y espesas lágrimas corrían por su barba blanca.

- Lo siento, Firmino, no quería entristecerte con mis historias.

- No, hijo, no me pusiste triste con tus cuentos. ¡Me has dado la alegría más grande que un hombre puede recibir en toda su vida! Dime una cosa, Miguel, ¿cómo te llamabas en Angola?

- Mi nombre en Angola era Luís Fernando.

- ¿Y el nombre de tu padre?

- Mi padre se llamaba José Joaquim

- ¿Y el nombre de tu madre?

- El nombre de mi madre era Marluce. ¿Pero por qué me haces todas estas preguntas?

- Porque mi nombre es José Joaquim, estuve casado con Marluce, tuve tres hijos con ella. El mayor se llamaba Luís Fernando. Fuimos secuestrados en el bosque mientras recogíamos el tronco de un árbol. ¡Luís, tu historia es mi historia! ¡Increíble! Entonces el destino nos volvió a unir.

Nos olvidamos que estábamos pescando, nos olvidamos que éramos dos esclavos, nos olvidamos de todo el sufrimiento, cayendo uno en brazos del otro. Llorando, nos abrazamos no sé cuánto tiempo.

El capataz y todos los hombres, en silencio, observaron nuestro reencuentro. Muchos entendieron lo que descubrimos allí, con el vaivén de las aguas. Nuestras lágrimas se mezclaron y nos miramos a los ojos.

- ¡Mi amado padre! Entonces los dioses tenían razón. ¡Buscaba algo lejano, que era tu amor, y tú estabas tan cerca de mí, como una luciérnaga, siguiéndome e iluminando mi camino!

Inmediatamente, el señor se enteró de nuestro hallazgo y nos ordenó hacer una fiesta con los peces, ofreciéndonos una botella de aguardiente para brindar por el acontecimiento. También recibimos la orden del señor que todo trabajo con nuestras entidades, guías, dioses - o como quisiéramos llamarlos -, se hiciera en el terreiro de la casa grande. Quería observar el trabajo y comprender cómo estos humildes y sabios mensajeros eran capaces de ayudar a cualquiera.

Allí, bajo las estrellas, bajo la luz de la Luna llena y ante los ojos de nuestros amos, comenzamos a tocar nuestros tambores, cantar nuestros puntos y alabar a nuestros guías, nuestros dioses.

¡Viví con mi padre los mejores años de mi vida!

Doce años después de nuestro encuentro, ya no estaba. Lo enterré junto a la tumba de mi abuela Joana. Y puedo decir que no quería nada más de Dios. Vi crecer a mis hijos y recordé todos los momentos con mi padre. Recordé la felicidad en sus ojos por tener tantos nietos.

Sin mi padre, me sentía solo, angustiado y añorando mi hogar. Ya no pensé en regresar a Angola, me pregunté: "Si tuviera la oportunidad de regresar a tu pueblo, ¿te irías?" Y la respuesta que salió de mi interior fue "no." Mis hijos ya eran hombres y mujeres jóvenes, nuestros amos estaban sanos y seguían teniendo gran bondad en sus corazones. Siempre bromeaban conmigo, diciendo:

- ¡Miguel, busca novia!

Y siempre respondí lo mismo:

- Estoy feliz como estoy, señor.

Tres años después de la muerte de mi padre, ayudé a trasladar los muebles a la habitación de la pequeña Siñáziña Lucien, hija de un granjero del barrio. El hermano menor de nuestro señor era idéntico a él en sabiduría y bondad.

Joven estudioso y refinado, trataba a los negros como personas. Acababa de casarse con la señorita Lucien y vivirían en la granja de nuestro amo.

Me pidieron que ayudara con la mudanza de la nueva Siñáziña y me sorprendí cuando descubrí que la finca era la misma en la que había dejado a Joana.

¡Me sorprendí aun más cuando descubrí que la Siñáziña Lucien era la misma Joana! Seguía tan hermosa como un ángel del cielo y dulce, como siempre. Cuando me acerqué al carruaje que conducía, ella me miró y dijo sonriendo al Siñóziño:

- Qué curioso, tengo la impresión que conozco a este señor.

- ¿Miguel? Imposible, hace más de quince años que no sale de la granja. Y hasta donde yo sé, esta es la primera vez que vienes a nuestra finca ¿o no?

- Sí, es la primera vez... - respondió ella pensativa.

En la finca, miró hacia el cuarto de esclavos y me miró, como si en el fondo de su alma reconociera algo en ese lugar.

Por la noche llamé a Ritiña y Nalva y les dije que Joana era la nueva Siñáziña. Sorprendidas y felices, los dos se abrazaron llorando. Ritiña dijo:

- ¡Solo puede ser cosa de Dios! Volvemos a tener a nuestro lado a nuestra muñeca de porcelana.

Todos los días, Joana pasaba horas viendo mi trabajo y hablando de su vida en la finca de sus padres. Los amaba y hablaba de la amabilidad de su madre y de cuánto los extrañaba.

Recé y agradecí a los dioses por saber que ella estaba bien cuidada y que ahora tenía un futuro seguro con ese joven caballero.

Un día estaba limpiando las heridas de un animal, mientras Joana, mirándome, decía:

- Miguel, te voy a confesar una cosa: tengo la clara impresión que he vivido en esta finca y que te conozco de no sé dónde. Me siento tan bien en el barrio de esclavos que parece como si ya hubiera vivido allí. Es un sentimiento de felicidad y anhelo. Te miro y se me escapa algo que no recuerdo. No le digas esto a nadie, sino pensarán que estoy loca, pero así me siento, Miguel.

- En cualquier caso, Siñáziña, esta casa es suya y yo soy su sirviente. Puedes contar conmigo para cualquier cosa y no dudes en disfrutar de las habitaciones de esclavos. Todos los esclavos de esta plantación, lo sé, te aman. Y también le confesaré algo a la Siñáziña: la amo como a una verdadera hija.

Moviendo sus trenzas rubias, se puso de pie, riendo.

- Miguel, voy a la senzala a hablar con la tía Rita y la tía Nalva. Si encuentras guayabas rojas, ¿puedes traerme algunas? Los frutos que recoges, no sé por qué, son diferentes a los demás.

Ella salió como una niña y yo, con el sombrero en la mano, di gracias a Dios por la felicidad de Joana. Nunca pude decirle la verdad. ¿O podría serlo? Sí, tal vez Dios me estaba dando la oportunidad de enmendar el daño que le había hecho a esa niña, separándola de sus verdaderos padres.

Ya había aprendido de los guías y mensajeros de Dios qué es la Ley del Retorno. Estaba teniendo la oportunidad de aplicar esta ley. Simplemente no había pensado en cómo hacerlo todavía.

Seguramente los padres de Joana todavía vivían en ese lugar llamado Francia. Me dijo que el hombrecito, antes de venir a Brasil y casarse con ella, vivió y estudió en Francia.

- Miguel, ¿qué pasa, hombre de Dios? - Gritó el hombre a mi lado. Me volví hacia ti y me ajusté el sombrero en la cabeza.

- Lo siento señor, no lo vi venir.

- Te llamé tres veces, pero parecías una estatua. ¿Qué te pasa? Te conozco y sé que debes tener un problema muy serio.

- Señor, ¿Francia está muy lejos de aquí?

Riendo, el señor respondió:

- Por barco, hoy, veintitantos días. Y ya sé por qué me preguntaste eso. Lucien debe haber mencionado que tengo intención de llevarla a ver Francia el año que viene, ¿no es así? No te preocupes, llevaré y traeré a tu señora, Miguel.

Y golpeándome en la espalda, el hombre se alejó riendo. No importa lo que me pueda pasar, ha llegado el momento de aplicar las lecciones de la senzala.

CAPÍTULO XIII
LA CONFESIÓN

Esa tarde me dirigí al antiguo cementerio donde reposaba el ángel llamado abuela Joana, mi amado padre, muchos amigos y algunos de mis hijos.

Caminé de un lado a otro, la soledad del campo santo me inspiraba paz y, al mismo tiempo, valor. Toqué la tumba de cada ser querido, las lágrimas cayeron con nostalgia, cada una de ellas era un pedazo de mí. Ya no tenía tanta revuelta en mi corazón como en mi juventud; la vida, por muy dura y severa que sea con un hijo de Dios, también nos enseña y ayuda a cada uno de nosotros a ser más humildes y pacientes.

Me senté junto a la tumba de la abuela Joana y recordé su rostro, su sonrisa, su voz tranquila, recordé todos sus consejos. Suspiré y hablé en voz alta:

- Ángel de Dios, ven y ayúdame... necesito mucho de tu consejo. ¿Qué hacer, Dios mío? Sé que ha llegado el momento, necesito encontrar la manera correcta de actuar, no puedo traer más infelicidad al corazón de esta chica.

Me recosté contra el arbusto que ahora cubría la tumba de la abuela Joana. Con los ojos cerrados, traté de imaginar qué le pasaría a Lucien. No tenía miedo del castigo que me pudieran aplicar, porque el castigo y el mayor peso que ya llevaba sobre mi conciencia, no podía haber otro mayor.

Me dije: "Estoy dispuesto a recibir cualquier castigo con humildad y resignación."

Había sido tan feliz recientemente, había recibido tantas bendiciones de Dios... Ahora podía practicar abiertamente mi fe, como el amo concedió el sábado por la tarde a todos los esclavos para que cultivaran su religión. De vez en cuando iba a observar el trabajo de los esclavos y mantenía una actitud muy respetuosa.

Todas las entidades lo saludaron respetuosamente, y no había una sola persona negra en esa granja que no lo quisiera.

Todos los domingos venía un sacerdote a celebrar misa en la capilla de la casa grande, el pequeño amo permitía que los esclavos se sentaran en el patio de la casa grande para escuchar al cura predicar. Nunca falté a una misa y, comparando las enseñanzas del sacerdote, noté que solo cambiaba el idioma, las enseñanzas eran muy similares.

Entonces, recostado en el arbusto, pronto me quedé dormido y comencé a soñar que estaba con mi padre, llegando a nuestro pueblo. Corrí a ver la plantación de palma aceitera y quedé asombrado por la cantidad de palmeras que se apoderaban del bosque. Todo era diferente, no reconocí a ninguno de los hombres que conversaban sentados bajo una palmera cargada de cocos amarillos color oro.

Me quedé quieto, con un nudo en la garganta, mi padre se acercó y me dijo:

- Hijo mío, hemos cambiado, ellos también han cambiado, pero nosotros somos los mismos; ¡ve, abraza a tus hermanos! No busques tus verdaderos tesoros entre los hombres, busca en tu corazón. ¡Vamos, regocíjate! Soñaste tanto con venir aquí, ahora estás en casa.

Repasemos dónde estaba nuestra casa.

En el lugar de la casa no quedó nada, salvo algunas palmeras y algunos escombros. Mi padre, pasándome el brazo por los hombros, me dijo:

- Aquí pasé parte de mi vida, fue aquí donde pude sembrar un poco de mí. El resultado fue que coseché muchos buenos frutos, como tú.

Emocionado, no podía hablar, solo me preguntaba:

- "¿Dónde está mi madre? ¿Dónde están mi abuelo y mis hermanos?

Como si hubiera escuchado mis preguntas, mi padre me respondió:

- ¡Están guardados en tu corazón! Todo lo que guardamos en el corazón, en la bóveda de nuestra alma, permanece a salvo, hijo mío. Un día podrás encontrarlos a todos.

De repente, me encontré en el cuarto de esclavos con mi cabeza en el regazo de la abuela Joana; lloré mientras ella me acariciaba la frente y decía:

- Miguel, presta atención una vez más a lo que te voy a decir: nunca dudes de Dios, aprovecha, hijo mío, todas las oportunidades que Él te da. El regalo más grande que recibiste de Él fue tu vida, cuídala siempre. Dios, hijo mío, prepara nuestro camino de forma correcta y justa. Se te está dando una gran oportunidad para enmendar el único error que has hecho en esta vida diciendo la verdad. Dile a tus amos toda la verdad y estoy seguro que sabrán cómo actuar con la chica inocente. No lleves esta carga a tu tumba, hijo mío. Los padres de la niña viven sin saber una verdad que solo tú puedes contarles. Ha llegado el momento de aplicar las lecciones de la senzala, y Dios será misericordioso contigo, ya que Él es luz y verdad.

Me desperté asustado. Una corriente de viento soplaba el campo sagrado de un lado a otro, y ya estaba oscureciendo. Me pasé la mano por la frente, sudaba frío, olí ese aroma a hierbas mezclado con flores, era el aroma de la abuela Joana. Ella estaba allí, me recordó el sueño y me pareció escuchar aun todas sus palabras.

Mi padre también estaba a mi lado, todos estaban ahí. Pediría la protección de las entidades y luego los buscaría y confesaría.

Ya estaba oscureciendo cuando regresé a la casa grande; el capataz vino a mi encuentro, diciendo:

- ¡Hombre de Dios, hay gente que necesita tu medicina y tú desapareciste!

- Perdón señor Ernesto por mi falta de atención. Voy contigo ahora mismo a ver a los enfermos.

Me quedé hasta las diez de la noche limpiando y curando las heridas de algunos trabajadores, aplicando ungüentos sobre picaduras de insectos a otros trabajadores del campo. Luego de terminar mi tarea caminé lentamente, observando el cielo estrellado, la serenidad de la noche sobre las plantas que exudaban un olor divino. Pensé en mis hermanos que trabajaban en el campo y sabía lo difícil que era para ellos.

En la agricultura, es común que las personas resulten heridas e incluso mordidas por serpientes, escorpiones y otros animales. Siempre tenía a mano medicamentos para estas emergencias.

De vez en cuando venía un capataz a buscarme apresuradamente para atender las mordeduras de serpientes venenosas, gracias a Dios siempre tenía tiempo para ayudar a mi hermanos; nunca dejé que un negro muriera por la picadura de una serpiente de cascabel, la medicina estaba ahí, al alcance de la mano. Recordé el día en que, aun muy joven, acompañé a la abuela Joana en busca de unas patatas para preparar medicinas. Fui testigo desde lejos de la pelea entre una serpiente de cascabel y un tegu: la serpiente de cascabel mordió al tegu en la cabeza, el animal rápidamente salió y comenzó a cavar una de esas patatas. Comía cierta cantidad y entonces la abuela Joana me enseñó:

- Para combatir el veneno de cascabel se recomienda esa patata.

Me enseñó que debemos caminar por los bosques con mucho cuidado y respeto, observando el comportamiento de cada animal, desde la hormiga hasta el jaguar, ya que cada ser tiene su propio instinto de defensa natural. Así aprendí a recolectar y preparar el antídoto contra los venenos. Toda serpiente venenosa siempre tiene una papa, una raíz o una hierba que es el tratamiento adecuado; es necesario conocer tanto las serpientes como las medicinas.

Con todos estos pensamientos llegué frente al cobertizo donde vivían Jade, Ritiña y sus hijos. Encontré a Nalva, que se iba de allí. Las dos eran amigas inseparables, no había noche que, después de sus tareas, no pasaran horas y horas hablando. Bromeé con ellas preguntándoles de dónde sacaban tantos temas para hablar sin parar todos los días. Y siempre escuché la misma respuesta:

- Las amigas siempre tienen algo que decirse, y si no hay un buen tema, lo inventamos - y se rieron.

A pesar de estar cautivos, todos los esclavos guardaban el don de la alegría en sus corazones.

Nalva apenas me vio corrió hacia mí y me preguntó:

- ¿Hay algo más grave, Miguel? Es tarde y todavía tienes tus medicinas en tus manos.

Suspiré y respondí:

- ¡La paciente más grave hoy soy yo, Nalva!

Asustada, Nalva me tomó de la mano y me dijo:

- ¡Vamos a casa! ¿Qué sientes Miguel? ¡Por el amor de Dios, dímelo!

Me arrastró hasta su choza, me hizo sentar y mirándome me dijo:

- Te conozco lo suficiente como para saber que algo no está bien. Llamaré a Ritiña y hablaremos los tres.

Sin esperar respuesta, salió corriendo y luego regresó con Ritiña, que también estaba asustada.

Nos sentamos los tres cerca de la estufa de leña, que aun estaba encendida. Nalva nos puso café en tres tazas para tomar, los tres se miraron y fue Ritiña quien dijo:

- Miguel, por amor de Dios, ¿qué está pasando?

Tragué el café y respondí:

- Esperaré hasta el sábado, hablaré con una de nuestras entidades y luego buscaré a nuestros señores y les contaré toda la historia de Lucien. Ya no puedo llevar este peso sobre mis hombros. Si Dios me concede esta oportunidad, poniendo ante mí a mi pequeña Joana, estoy obligado a confesar mi crimen, diciéndole toda la verdad sobre su nacimiento.

Los ojos de Nalva y Ritiña se abrieron y ambas hablaron al mismo tiempo:

- Miguel, por el amor de Dios, ¡no! ¡Tú no puedes hacer eso! ¿Qué podría pasarte a ti e incluso a Lucien? Sus padres son los que ella conocía. ¿Saben los hijos de casi todos los negros del mundo quiénes son sus padres? ¿O dónde están tus padres? - Gritó Ritiña.

- ¡Tú mismo, Miguel, viviste casi toda tu vida lejos de tus padres! Una revelación como esa ahora podría costarte la vida. Por el amor de Dios, deja las cosas como están.

Ritiña se arrodilló llorando y preguntó entre lágrimas:

- Miguel, por amor a nuestros padres, ¡no hagas eso! Lo que hiciste fue darle la vida; si hubiera sido cualquier otra persona, la habría matado ese día. Sin embargo, arriesgaste tu vida para salvarla. Deja todo como está.

- ¿Ritiña y Nalva, y las enseñanzas de nuestras entidades? ¿Son inútiles? - Respondí.

Recibí la confirmación de mi decisión hoy; dormí en el cementerio y soñé que la abuela Joana me pedía que hiciera la revelación. Aun así esperaré hasta el sábado, hablaré con uno de nuestros mentores; Sé que me ayudarán. Estoy preparado para cualquier castigo que se ajuste a mi cuerpo, porque estoy seguro que seré libre en mi alma. No se preocupen, ninguna de ustedes será mencionada en esta historia, el único responsable soy yo.

Así fueron pasando los días de la semana, que me parecieron una eternidad.

La Luna iluminaba el patio, que estaba decorado con flores y hierbas cosechadas en las plantaciones alrededor de nuestros cobertizos.

Los señores tenían visitas que querían seguir de cerca nuestro trabajo. Sentados en sus mecedoras, observaron y comentaron entre ellos el avance de la obra. Todas las entidades que había allí eran maravillosas, nunca podríamos decir que había una mejor que otra. Los médiums - o caballos, como se les llamaba en aquella época, ya que el caballo representaba el transporte y el guía necesita transporte para llegar hasta nosotros -, eran dignos de confianza. Nadie allí necesitaba aumentar, inventar o crear ilusiones espirituales.

En aquella época no había tantas mistificaciones como vemos hoy. En aquella época, los esclavos temían mentir a sus amos, lo que facilitaba que los guías tuvieran un médium sano y espiritualmente confiable.

La llegada, esa noche, fueron los hermanos africanos - hoy viejos negros. Antes de ir a uno de ellos, me llamó el padre Juan de Angola.

La persona que incorporó la entidad fue Ritiña. Me recibió con una sonrisa y me pidió que me sentara frente a él, ya que teníamos muchas cosas de qué hablar. Empezó a hablarme así:

- El padre Juan de Angola, hijo mío, no está aquí para mostrarte lo que debes o no debes hacer con tu vida. Estoy aquí para ayudarte con lo que quieras hacer con tu vida. Dios ya te ha mostrado el camino y lo que debes hacer. Te ayudaré a seguir tu camino, pero la decisión será tuya. Tus tareas son tus obligaciones, no las de los demás. Nadie podrá deshacer lo que hiciste, excepto tú mismo.

Para entonces yo ya estaba llorando y él me tranquilizó diciendo:

- Un hombre fue llevado a la cruz para salvarnos sin tener ningún pecado y tú debes sostener tu cruz para salvarte de tus pecados.

Pedí fuerza y coraje para comenzar a preparar el camino a seguir, el camino de la verdad.

Recibí muchos consejos. Curiosamente, a sus pies, me llené de tanto coraje que no podía esperar para contarles a mis amos todo lo que sucedió el día en que nació Lucien. Me instruyeron sobre cómo proceder con mis revelaciones.

Regresé al galpón, Ritiña y Nalva me siguieron. Esperaban haberme aconsejado que silenciara mi error; sin embargo, fue todo lo contrario.

Estaba en paz; no importa lo que hiciera, yo no sería sacudido espiritualmente. Les dije a ambas:

- No veo la hora de llegar mañana. Le pediré a nuestro capataz, tan pronto como termine la Misa de los señores, que les hable. No puedo esperar para quitarme este peso de encima.

Las dos mujeres lloraban y negaban con la cabeza. Las animé diciéndoles:

- Estoy seguro que todo saldrá mejor de lo que creo.

Esa noche dormí tranquilamente, me sentí ligero y digno. Al amanecer ya estaba levantado y ocupándome de mis asuntos. Fui a recoger las hierbas y a preparar un medicamento para un niño que tenía fiebre y diarrea.

El Sol ya asomaba en el cielo cuando el capataz vino a verme. Entonces aproveché mi suerte y le pregunté:

- Señor Ernesto, quisiera pedirle un gran favor.

- Habla, Miguel, si está en mis manos... - respondió.

- Necesito hablar con nuestros señores después de Misa. Es muy importante, señor. Sé que hoy es el único día de la semana en el que suelen escuchar peticiones de gente negra.

- Pero ¿por qué los dos señores? ¿No es suficiente con uno, Miguel?

- Señor Ernesto, el asunto es muy delicado y muy personal, tiene que ser entre los dos.

- ¡Mmm! - Respondió el señor Ernesto dándome unas ligeras palmaditas en la espalda -. Creo que debe ser una propuesta de matrimonio. Si es así, ya era hora, Miguel, hablaré con ellos.

Me estaba frotando las manos, Ritiña y Nalva me rodeaban. Ritiña se anticipó diciendo:

- Miguel, todavía hay tiempo para dar marcha atrás, sé que nuestros Orixás nunca se equivocan, pero nosotros nos equivocamos, Miguel. Piénsalo bien antes de tomar esta decisión, tememos por ti. Para mí eres mi querido hermano. ¿Te imaginas lo que estoy sintiendo, Miguel?

Abracé a Ritiña y le dije:

- Eres mi querida hermana y sé que me quieres mucho. Por tanto, déjame hacer lo correcto, solo así me sentiré en paz.

Ese día, el sermón del sacerdote fue muy hermoso. Habló del reino de Dios, que en la casa del Padre había muchas moradas para todos nosotros, agregando que Jesús no vio el color de la piel, sino el color del alma, que podía haber espíritus iluminados entre los negros de los barrios de esclavos, que nuestra diferencia era solo la misión.

Una vez terminada la Misa, el cura y los señores de la casa tomaron café con tortas, panes y otras delicias elaboradas por las negras de la casa grande.

Hicieron todo eso con gran placer y orgullo. Me quedé allí jugueteando con el arnés y esperando que me llamara el capataz. Vi al cura subir al carruaje que lo llevaba de regreso a su iglesia en la ciudad, y a los dos señores al lado de las Siñáziñas.

Los pequeños estaban sentados en el porche de la casa en sus mecedoras cubiertas de piel de oveja, y vi cuando el mayor dio una señal al mayoral, y este gritó mi nombre, diciendo:

- Miguel, puedes venir a hablar con los señores.

Las dos Siñáziñas se fueron sonriendo.

- Vamos, Miguel, ven aquí. Siéntate ahí - me dijo el hombre, señalando un banco. Estaba sudando y temblando, a pesar de toda mi preparación para afrontar ese momento.

El señor más joven, riendo, dijo:

- Miguel, hombre de Dios, ¿qué es este temblor? ¡Parece que has visto un fantasma! Pide lo que quieres, ¿es casarte?

Me senté en el banco y, mirando a mi señor mayor, dije.

- Señor, estoy aquí para hacerle una gran confesión.

Los dos se miraron seriamente. El hombre tosió nerviosamente y me respondió:

- Sea lo que sea Miguel, eres un esclavo muy confiable por eso sé que todo lo que viene de ti es verdad.

- Lo que tengo que revelar es una historia larga, pero verdadera. Sé que voy a causarte un gran disgusto, pero ha llegado el momento de hablar.

Y, como si lo viviera todo de nuevo, conté los acontecimientos del pasado. Me escucharon en silencio.

Después de confesar todo mi secreto, levanté la cabeza. El hombre mayor estaba pálido y sus labios temblaban un poco. El caballero más joven tomó un vaso de agua y se lo ofreció, pero también estaba pálido.

El joven se acercó a mí y me golpeó con tanta violencia que me dislocó la mandíbula de la cara.

- Miguel, cerdo asqueroso, ¿por qué hiciste eso?

El hombre mayor se levantó, abrazó a su hermano y le pidió al supervisor que me llevara. El capataz quedó aterrorizado por lo que había presenciado. Naturalmente no había escuchado mi revelación, pero desde lejos vio la reacción que provoqué en mis amos.

El capataz, señor Ernesto, también estaba pálido y comentó:

- Nunca te he visto atacar a nadie. ¡Y lo hizo solo por ti, que eres considerado un esclavo modelo! Miguel, por Nuestro Señor Jesucristo, ¿qué les pediste a los señores para dejarlos así? No puedo creer lo que acabo de ver - añadió.

Salí llorando, no respondí. Lloré no por mi dolor, sino por el dolor que les causé a esos dos buenos señores. Ritiña y Nalva se asustaron al verme sangrando y con la mandíbula abierta.

Corrieron a preparar las medicinas. Me tumbé en una hamaca en el cobertizo de Ritiña.

Allí también me disponía a aceptar todas las consecuencias de mi acto cobarde. Sabía que a partir de ese día mi vida sufriría un nuevo cambio, el castigo que venía aun era pequeño por lo que le había hecho a esa familia.

CAPÍTULO XIV
LA SORPRESA

Me atendieron las dos mujeres, que lloraban sin parar. El capataz vino a ver cómo estaba y, mirándome, dijo:

- No puedo imaginar lo que les dijiste a nuestros amos. Es extraño que tú, Miguel, que no tienes boca para ofender a nadie, hayas dejado a los dos señores en esa situación.

Al final de la tarde, el capataz vino a recogerme; ellos querían hablar conmigo. Me llevaron al almacén de maíz, los señores le pidieron al capataz que se fuera y me dejara solo con ellos.

El señor mayor empezó a hablar:

- Miguel, si realmente nos dijiste la verdad, y eso es lo que vamos a intentar averiguar, la madre de Lucien posiblemente sea nuestra hermana por parte de padre. ¿Sabes lo que eso significa?

Has deshonrado muchas vidas y has provocado que tu tío y tu sobrina se unan en un matrimonio pecaminoso. Mañana nos acompañarás a la granja de los padres de Lucien, confirmarás toda esta historia delante de ellos y, si la madre de Lucien confirma que todo esto realmente pasó, tendremos que tomar otras decisiones, incluidas las que te conciernen.

¡No creía lo que acababa de escuchar, mis Orixás y mi Dios! No fue posible. ¡Lo que escuché no puede ser verdad! Saqué a Lucien de su familia y, ahora, volví a destruir su vida, porque según las leyes de Dios y de nuestros orixás, un tío no puede unirse con una sobrina, ¡es incesto! El marido de Lucien estaba abatido, encontré un brillo de odio en sus ojos, supe que quería matarme. El hombre mayor también estaba abatido, decepcionado y triste, lo pude leer en sus ojos.

Al día siguiente temprano los carruajes partieron, los mayorales y los esclavos de la casa estaban asustados. Yo, con la barbilla vendada, me senté con la cabeza gacha al lado del cochero.

Escuché a uno de los hombres negros comentarle en voz baja al otro:

- ¿Venderán a Miguel?

El otro respondió:

- ¡Nadie entiende nada, solo Miguel!

Caminamos por los caminos, que estaban llenos de flores. Era primavera, muchos pájaros volaban de un lado a otro; yo, acurrucado, observaba el paisaje como si estuviera durmiendo. Todo me parecía un sueño, o mejor dicho, una pesadilla.

Llegamos a la granja de los padres de Lucien. Recibieron a los señores con gran alegría, la madre buscaba a Lucien y, en cuanto estuvo segura que no había venido, se quedó en silencio, pude ver lágrimas escondidas en sus ojos.

Ordenó al supervisor que me vigilara hasta su regreso. Me senté en el tronco de un árbol, y el señor Ernesto, en tono amistoso, me preguntó:

- Miguel, por Dios, ¿dime qué hiciste para irritarlos tanto? Dime, quién sabe, tal vez pueda ayudarte, pueda intervenir en tu nombre.

Empiezo a sospechar que se han tendido alguna intriga contra ti y que ahora estás pagando por algo que no mereces. Nunca había visto a estos señores tomar tal actitud, ni siquiera con un animal, ni con el peor esclavo de la finca. Ahora, justo contigo, que eres tan fiel como un perro... no lo puedo entender.

- Señor Ernesto – respondí -, no se preocupe por mí. No estoy siendo víctima de nadie más que de mí mismo. Puedes estar seguro que nadie en esa granja me hizo nada.

Después de unas dos horas de espera, me llamaron al porche de la casa grande, la Siñá me miró de arriba abajo y, finalmente, dijo:

- Este realmente es el hombre negro que se ocupaba de los caballos y las medicinas de nuestros esclavos una vez por semana. Sin duda es él mismo; y de hecho, el día que la niña apareció en la puerta de mi casa, él estaba en el galpón, cuidando las hierbas.

La mujer lloraba, su marido tenía la cara ardiendo y se levantó gritando en mi dirección:

- ¿Por qué no matamos a este cerdo de una vez por todas?

El Siñóziño respondió entonces:

- Aun tenemos que confirmar con mi supuesto cuñado si es cierto lo que nos dijo sobre el nacimiento de mi supuesta hermana. ¡Solo cuando estemos absolutamente seguros que la madre de Lucien es nuestra hermana decidiremos su destino! Nunca intenté descubrir las aventuras de nuestro padre, pero ahora la situación es diferente.

Continuó hablando:

- Ese terreno se lo compré a mi supuesto cuñado para poder ayudar a su esposa e hijos. Me dijo que regresarían a Francia, como efectivamente hicieron; y ahí tiene parientes que sé que la cuidan un poco. Aquí la maltrataba mucho, bebía demasiado y lo perdía todo en el juego y con las mujeres, quedó arruinado económicamente.

Recibimos las últimas noticias sobre él antes que mi hermano viniera a Brasil. Supimos que dejó de beber y que ha cambiado mucho. La madre de Lucien es hija de una viuda acomodada de París, y hace unos años supimos que había tenido una aventura con nuestro difunto padre, y que de esta aventura había nacido un niño, que tememos que fuera la madre de Lucien.

Y el hombrecito empezó a hablar del pasado, que yo conocía tan bien:

- La hermana de mi supuesto cuñado es una mujer maravillosa, vivió en estas tierras como una heroína, una muchacha noble, dejó atrás toda comodidad, acompañando a su marido a Brasil, un país extraño, donde no tenían familiares o amigos. Yo era un amigo universitario de su marido, un tipo extraordinario y de gran corazón tuvo algunos problemas en Francia formó parte de un movimiento no reconocido por las leyes de ese país. Conocí a su esposa cuando todavía estaban comprometidos; fui a su boda y realmente lamenté su repentina partida a Brasil. No sabía que también llegaría mi momento de abandonar Francia. Hoy vivo en las mismas tierras donde él vivió y sé que aquí eran muy felices. Es una pena que mi amigo muriera tan joven sin dejar heredero. Volví a encontrarme con su esposa en París, ella me dijo que su hermano y su cuñada vivían en Brasil en su finca y que el lugar era un paraíso, quitando el sufrimiento a los esclavos cercanos.

Cuando la conocí, ella ya había aceptado su viudez e incluso tenía previsto casarse con un próspero granjero de la región. Cinco meses después me invitaron a su segunda boda. Fue en su boda que conocí a mi esposa.

- Cinco meses después recibí una citación para declarar en un caso en el que nunca había estado involucrado. A través de nuestro amigo logré volver a Brasil y librarme del proceso insultante en mi contra. Así conocí a su hermano. Ya vine con este propósito: comprar tu tierra y ayudarte a regresar a Francia.

- Mi hermano me dijo que tenía un par de gemelos, después de tantos años esperando un hijo. Tener dos hijos a la vez es una bendición del cielo.

Escuché a los Siñóziños hablar e incluso con la cabeza gacha observé al caballero más joven. Estaba abatido, enojado, fuera de sí; Daría mi vida por no ver esa tristeza apoderarse de él.

Casado por tan poco tiempo, feliz con la esposa que amaba con locura y, de repente, recibiendo un golpe así. Me sentí como un monstruo y, allí en ese rincón, acurrucado, rebusqué en mi conciencia: los negros hablan de los blancos, pero no saben cuánto daño les han hecho o les están haciendo ya. ¿Cómo pude, Dios mío, ser tan perverso, tan malo con una niña?

El dueño de la casa se levantó y, acercándose al señor más joven, le dijo:

- Iré contigo a investigar toda esta historia. ¿No estamos dando mucha importancia a algo? Podría ser que Lucien no sea tu sobrina y entonces no hay nada malo en tu matrimonio.

El Siñóziño, de ojos rojos, respondió gritando:

- Pero ¿y qué pasa si lo es? Dígame señor, ¿qué debo hacer?

La madre de Lucien lloraba, inclinada sobre la esquina de la mesa; la situación era realmente muy delicada.

Se decidió que viajarían dentro de quince días y que la madre de Lucien se quedaría en la granja con las dos Siñáziñas hasta que regresaran de Francia.

El hombre mayor, mirándome, dijo en tono áspero y dolido:

- ¡Levántate, traidor desagradecido! Vamos a seguir.

Acordaron que se reunirían nuevamente para arreglar los detalles del viaje. Subí al carruaje al lado del capataz y me sentí un poco muerto por dentro, no podía hablar, me ardía la boca.

El capataz me miró de arriba abajo y sacudió la cabeza, entristecido y arrepentido por mi situación; era un hombre de buen corazón. Caminamos todo el trayecto en silencio, en mi cabeza estaba la imagen de mi amable señora. Entonces ella también había tenido gemelos, era una cosa de familia.

Me acordé del padre de Lucien: era un hombre violento y desalmado. ¿Habría cambiado? Eso fue lo que oí. Nos repartió tantas desgracias, era tan diferente a su hermana... ¿sería posible que una persona como él cambiara?

Al llegar a la finca, me dirigí directamente al galpón. Ritiña y Nalva vinieron corriendo hacia mí:

- Miguel, por el amor de nuestros padres, cuéntanos ¿qué pasó? Estábamos aquí desesperados, todos decían que te iban a vender. Habla, Miguel, ¿qué pasó?

Me sentí cansado, agotado y con mucho dolor. Con calma les respondí a ambas:

- Por favor, dame algo para quitarme este dolor, déjame descansar un poco. Aun no ha pasado nada de lo que hay que hacer, cuando esté mejor y pueda hablar, hablaré con ustedes.

Al otro día, estaba cumpliendo con mis deberes cuando de repente apareció Lucien. Tenía las mejillas sonrojadas y los ojos llorosos. Tomándome de los brazos, suplicó:

- ¡Miguel, por Dios dime la verdad, no me mientas! ¿Fue mi marido quien te hizo esto? ¿Fue él quien te golpeó, Miguel?

Yo soltando sus delicadas manos respondí serenamente:

- Siñáziña Lucien, lo juro por mis orixás, su marido no hizo nada contra mí. Por favor, no escuches lo que dicen los esclavos; a veces hablan demasiado. Salí con los señores, y ya decían que me iban a vender, todo esto son rumores.

Suspirando, ella respondió:

- Bien, eso es cierto. Decían que te venderían, yo no lo creía, conozco a mi esposo y a mi cuñado, eres el esclavo favorito de la finca, nunca te harían nada. Mi cuñado me ha dicho varias veces que eres la mano derecha en esta finca. Dime la verdad: ¿qué pasó con tu cara que está hinchada?

- Fue la patada de un caballo, señorita, eso es todo.

- ¿Qué hiciste con mi marido y mi cuñado en la finca de mis padres? Cuéntame, me dio tristeza no poder acompañarte. Extraño a mis padres.

- Fueron a ocuparse de un negocio, señorita, me llevaban de reserva si necesitaban que les arreglara una carreta o un arnés para ellos. Las carreteras todavía están muy malas, estamos a principios de primavera, todavía hay lugares que no se han secado bien.

Retorciéndose las manos y con la cabeza gacha, dijo:

- Tenía muchas ganas de ver a mis padres y estaba triste por no poder acompañar a mi marido.

Entonces el hombrecillo se acercó a nosotros, llamándola.

- Justo estaba hablando un poco con Miguel, mi amor.

- Vámonos a casa, está oscureciendo. Adelante que te sigo, solo voy a hablar un rato con Miguel.

Tan pronto como Lucien se alejó, el hombre, con los ojos entrecerrados por el odio, me agarró por el cuello de la camisa y me dijo:

- Negro traicionero, si te pillo hablando con Lucien una vez más, te corto la lengua en pedazos. ¡Mantente alejado de ella! A partir de ahora y hasta nuevo aviso, irás al campo todos los días. Y cuando estés en la finca, tienes prohibido acercarte a ella. Y ¡pobre de ti si piensas en huir!

Bajé la cabeza y solo respondí:

- Sí, señor.

Temprano al día siguiente ya estaba entre los negros que se dirigían a los campos de cultivo. El capataz, Sr. Ernesto, que se ocupaba de los asuntos de la finca, quedó angustiado con la decisión de los señores.

A los dos capataces de la finca les recomendó:

- Allí será más útil; si tienes alguna queja sobre él, comunícala y no dejes que se te escape. Hasta nuevo aviso, los acompañará en la finca.

Uno de los capataces, montado en su caballo, se acercó a mí y me preguntó:

- Miguel, sé que estás en la finca desde niño y nunca has puesto un pie fuera, sé que fuiste criador, curandero, domador de caballos, partero y otras cosas. ¿Qué pasó ahora que, de un momento a otro, los señores te empujan a labrar?

- Señor supervisor – respondí –, solo soy un esclavo en la granja. Mis amos son libres de encargarme cualquier tarea.

- Bueno, si eso es lo que piensas, creo que nos llevaremos bien, sería peor si te enojases como algunos que no quieren venir a la finca. Ahora que lo pienso, será muy bueno para la salud de los negros, ya que no tendrán que esperar tanto para curarse de sus heridas. A partir de mañana trae todas tus vendas, nos ayudarás a todos.

No estaba acostumbrado a trabajar en el campo y al final del día apenas podía mantenerme en pie. Tan pronto como terminamos de limpiar y guardar las herramientas, el capataz me llamó y me dijo:

- Vamos a la finca, después de cenar cuidarás a los enfermos. Esa fue la orden que recibí del amo cuando pasó por aquí esta tarde. Y recomendó que mañana por la mañana te levantes temprano, vayas a recoger las hierbas y empieces a preparar las medicinas, antes de dirigirte al campo. Lo siento, Miguel - añadió el capataz -, lamentablemente solo obedezco órdenes. Sé que estás cansado, tanto como los demás, pero hay que respetar la orden del señor, no puedo hacer nada por ti.

Con la cabeza gacha respondí:

- No tengas pena por mí, tienes razón, los enfermos necesitan ser curados.

Cuando terminé mis tareas con los enfermos ya era pasada la medianoche. Me tumbé en mi hamaca y caí en un sueño profundo, parecía como si volviera a vivir en el barco de esclavos, la sensación de miedo por el futuro era la misma. Con el canto de los gallos me levanté y fui a recoger las hierbas; Regresé con los primeros rayos del día. Unos cuarenta minutos más tarde oí la campana de levantarse. Salí del galpón tomando mi medicina, encontré a Ritiña con una taza de café y un poco de pan de maíz:

- Miguel, bebe y come esto.

Rápidamente tragué el café y guardé el pan en el bolsillo de mi camisa:

- No puedo llegar tarde - respondí.

Ella se quedó quieta y todavía vi las lágrimas corriendo por su rostro.

Seguimos nuestro recorrido, los capataces montados en sus caballos, unas mulas que llevaban nuestro material de trabajo, agua para que bebieran los negros y otras cosas utilizadas en el campo.

Algunos negros cantaron durante el camino, otros reían y hablaban. Los más jóvenes estaban haciendo planes para el sábado por la tarde. Me quedé en silencio, llevando mi material a la espalda. El capataz se acercó a mí y tomó la bolsa, colocándola sobre el lomo de la mula y diciendo en voz alta:

- Reserva tus fuerzas para trabajar en la tierra, a la mula no le costará nada llevar ese peso.

Aunque hablaba con rudeza, como deben hablar los capataces con los esclavos, sabía que quería ayudarme, hablaba en voz alta para mostrar su autoridad entre los negros.

En el campo tuve la oportunidad de ver la unidad y la fuerza que tiene un pueblo cuando lucha por los mismos objetivos o camina por el mismo camino: uno tiende la mano al otro.

A pesar del trabajo duro, pesado y agotador, aquellos hombres jugaban, escribían versos entre ellos, compartían sus jirones de agua y se levantaban cuando caían. Si uno estaba triste, el otro inmediatamente lo animaba con palabras de esperanza y consuelo.

A la hora del almuerzo, tan pronto como llegó el carrito trayendo nuestra comida, se sintió como una fiesta. Todos se sentaron juntos, comieron y bromearon entre ellos.

Al finalizar el almuerzo, todos agradecieron a Dios haciendo la señal de la cruz.

Así transcurrió la primera semana de mi nueva jornada laboral. Solo me fui a dormir después de encargarme de preparar todas las medicinas y atender a los enfermos. El sábado, antes de regresar del campo, me llamó el capataz y me dio la siguiente orden:

- Miguel, soy tu capataz, obedezco órdenes y doy órdenes suyas. Me han ordenado no regresar directamente a la finca, sino ir a recoger las hierbas para utilizar durante la semana, sin desviarme ni un metro del límite autorizado por ellos - Y añadió:

- Hasta nuevo aviso, tienes prohibido tocar la batería en el terreiro de la casa grande. Otros negros pueden seguir escuchando misa los domingos, excepto tú. Me imagino que no privaron a los negros de oír misa para no intrigar al cura. No me imagino qué pasó tan gravemente para que te castiguen así, Miguel - continuó el capataz -. Bueno, finalmente la orden es: ya no debes circular por la casa grande, hasta nuevo aviso de los señores, y por favor no nos traigas ningún problema. A pesar de todo me gusta tu manera, negro Miguel, no me gustaría que me obliguen a castigarte.

- Tenga la seguridad señor, nunca he desobedecido ninguna orden de mis amos y, si Dios quiere, nunca lo decepcionaré.

Me alejé con lágrimas en los ojos; mi castigo estaba siendo más difícil de lo que había imaginado. Estar aislado como un animal, sin poder recibir las bendiciones de nuestros guías y sin poder escuchar las palabras del sacerdote.

Cuando se dio la orden a todos mis hermanos fieles y devotos de nuestros orixás, vi la revuelta en sus ojos. Escuché a alguien comentar:

- Esto es culpa de Miguel, le molestó y ahora pagaremos todos por su error.

Otro hermano respondió:

- ¡No juzgues sin saber de qué estás hablando! No creo que este pedido sea por culpa de Miguel. Si así fuera, también se nos prohibiría escuchar misa.

- Sí, tienes razón, pero algo anda mal - ¡ah! - ¡Lo hay!

El sol ya estaba bajo cuando regresamos del campo. A la entrada del bosque anuncié a todos en voz alta:

- Voy a recoger mis hierbas, vayan con Dios, no se preocupe capataz, estaré de regreso en mi galpón antes que oscurezca.

Entré al bosque y allí sentí el sabor de la libertad. Extrañé mi infancia y juventud con mi abuela Joana. Pero a pesar de todo el sufrimiento del momento, me sentí en paz conmigo mismo.

Estaba oscureciendo cuando regresé. Pasé junto a los capataces y me dirigí al cobertizo; Allí estaban Ritiña, Nalva y otras mujeres mayores, sentadas esperándome.

Al verme entrar, Ritiña corrió hacia mí gritando:

- Miguel, ¿por qué ya no podemos recibir nuestros orixás?

- Ritiña - dije -, nadie te prohibió recibir nuestros orixás, simplemente no podemos ir al terreiro de la casa grande. Nuestros orixás están aquí a nuestro lado, lo sabes. Por qué nuestros señores tomaron esta decisión de no permitir más que los guías se manifestaran en el terreiro da casa grande, solo Dios puede decirnos.

Las otras mujeres fueron a sus chozas, excepto Ritiña y Nalva, y noté que querían hablar conmigo a solas. Entonces Nalva comenzó:

- Miguel, no tuvimos tiempo de hablar más, sé que algo mucho más grave pasó en la finca del padre de la Siñá. Esta semana sus padres vinieron aquí, ustedes se encerraron toda la tarde, dejando a la pequeña perdida. El marido de la Siñáziña Lucien cambia por completo después que le revelaste el origen de su nacimiento. Ha sido duro y grosero con ella, esta semana ella corrió a la zona de esclavos a buscarte. Inventamos que ahora acompañas a los negros en la granja para facilitar su trabajo de curación. Sabemos que esto no es cierto, pero ¿qué podríamos decir?

- Las Siñás están empacando la ropa de los amos, escuché que estarán de viaje por los próximos tres días. Se van nuestros dos señores, quedándose aquí el padre.

Siñáziña Lucien cuidando sus granjas y negocios.

Dada la preocupación de las dos mujeres, pensé que era justo contarles lo que escuché en la casa del padre de la Siñáziña Lucien sobre la posibilidad que fueran tío y sobrina. Los dos se pusieron serias, pero luego Nalva respondió:

- Entre nosotros, los negros, incluso los padres y las hijas, se van a la cama sin saberlo. ¿Por qué los blancos no pueden hacerlo también?

Ritiña pronto se unió a la conversación y le dijo a Nalva:

- ¡Mujer, deja de decir tonterías! ¿No te das cuenta de la gravedad del caso?

Estábamos hablando en voz baja cuando oímos que llamaban a la puerta. La abrí, era el capataz con la siguiente orden:

- Mañana por la mañana debes dejar en orden los dos carruajes más jóvenes de los señores, ellos van a viajar. Presta atención, Miguel: mañana, nada más al terminar la misa, los señores irán al granero a hablar contigo, estate allí. Eso es todo por ahora, que duermas bien.

CAPÍTULO XV
LA MUDANZA

Con los primeros rayos del alba ya estaba puliendo y lubricando las ruedas y ejes de los carros. Mientras trabajaba, no pude evitar pensar en lo que estaba por venir.

Cuando escuché el canto de clausura de la misa, corrí hacia el granero y me quedé medio escondido entre los sacos de maíz. Vi alejarse el carruaje del sacerdote y, poco después, a Lucien bajar las escaleras del porche. Miró de un lado a otro, como si buscara a alguien. Mis ojos se llenaron de lágrimas al verla sufrir así. ¡Cómo la amaba, Dios mío! ¿Hice lo correcto al confesar la verdad a aquellos señores? Mi niña estaba sufriendo, la estaban castigando por algo que no era culpa suya. ¿Qué podía hacer?

Justo detrás de ella vino el Siñóziño, la tomó del brazo y la condujo al interior.

Los esclavos se alejaron, los capataces, discretamente en sus puestos, observaron lo que sucedía desde lejos.

Los caballeros entraron al granero y pronto me descubrieron acurrucado en un rincón. El señor mayor, muy serio y mirando hacia otro lado, comenzó a hablar:

- Negro Miguel, nos vemos obligados a ir a Francia a intentar reparar el daño que nos causaste. Ora para que el padre y la madre de Lucien estén vivos, ora aun más para que comprendan lo que hiciste. Pero todas tus oraciones deberían centrarse en que Lucien no sea mi sobrina. No tomaré en consideración toda tu vida de trabajo y dedicación a la finca, usaré mi propia justicia contigo. Para evitar problemas futuros, en nuestra ausencia quedarás bajo el cuidado del padre de Lucien, permaneciendo en su granja, hasta que decidamos tu destino.

Empaca tus cosas, porque tienes que salir hoy. Esté preparado inmediatamente después de tu almuerzo. Los supervisores te llevarán allí y no quiero hablar con nadie. Empaca tus cosas tranquilamente y que nadie se dé cuenta.

Antes de irse, el hombre, el marido de Lucien, me miró como si fuera el gusano más repugnante.

"¡Dios mío! - Caí de rodillas -. ¿Cómo voy a dejar a mis hijos, a mis hermanos y los restos de mi padre y de mi querida abuela Joana? Dios, ¿qué será de mí?"

El sol ya cruzaba la mitad del cielo - después del mediodía - cuando el señor Ernesto llegó a mi galpón y me llamó diciendo:

- Vamos Miguel, tenemos que continuar nuestro viaje. Cuando te lleve y regrese ya estará oscureciendo y las carreteras todavía están en mal estado.

Salí discretamente, no me llevé casi nada, ya que no tenía mucho que llevar. Sentado junto al capataz, observaba en silencio las flores que se abrían con la llegada de la primavera. El capataz pareció incómodo con la situación y, después de media hora de silencio, dijo:

- Miguel, cualquier cosa que les hayas hecho a los señores, quiero que sepas que no tengo nada contra ti y, al contrario, solo te debo favores. ¿Cuántos medicamentos has preparado para mi familia? Ya me preocupa cómo estaremos sin ti y sin la medicina.

Espero de corazón que vuelvas pronto a la finca, y que todo se aclare. Personalmente no creo que hayas hecho nada malo. Si los señores vienen a preguntarme algo sobre ti, mi información será: "Miguel es el negro mejor y más correcto de esta finca, y estoy seguro de que todos los capataces y todos los negros piensan lo mismo, así que no puedo entender lo que pasa."

Es curioso cómo una palabra amable ayuda a las personas a sentirse bien; las amables palabras del capataz me dieron fuerzas, me consolaron sabiendo que alguien veía algo bueno en mí. Con la cabeza gacha, le agradecí al supervisor, dejando que las lágrimas cayeran de mis ojos.

Cuando llegamos a la finca, me recibió el capataz, que ya me conocía de vista.

- Baja, negro Miguel, y sígueme. Te llevaré al cobertizo que compartirás con los demás negros, tu nuevo hogar.

Miré al señor Ernesto y vi que estaba triste por dejarme allí, seguí al capataz y pronto entré al galpón, que olía a moho y sudor.

Había varias redes colocadas dentro del cobertizo. Me señaló una en la esquina de una ventana y me dijo:

- Ahí te vas a quedar. Quédate allí y espera órdenes de tu nuevo amo. En cuanto me dé las órdenes, volveré a comunicártelas.

Coloqué la bolsa en la esquina de la pared y vi que algunos negros dormían, algunos roncaban en sus hamacas. Los domingos, el trabajador negro del campo podía dormir por la tarde.

Uno de ellos me miró en silencio, no sabía si hablar con él o esperar a que él me hablara. Me senté en la hamaca y me quedé quieto. Entonces el negro, volviéndose, me preguntó:

- ¿Esta vez estás cedido o te han vendido?

A lo que respondí:

- Sinceramente todavía no sé si me cedieron o me vendieron. Esperaré para saber qué me espera.

- Te recuerdo cuando venías a domar los caballos y preparar medicinas aquí en la finca. Tenía sarna grave, la curaste con ese ungüento que me preparaste.
Nunca olvidé el bien que me hiciste, simplemente no esperaba verte aquí entre nosotros. Tu nombre es Miguel, ¿no es así?

- Sí, mi nombre es Miguel. No recuerdo haberte visto por aquí.

- Yo era todavía un niño - respondió -. Mi nombre es Arturo, en este cobertizo se quedan los negros que cortan leña y tiran de la rueda. Es el trabajo más duro de la finca, simplemente me sorprende porque son jóvenes los que lo hacen y veo que ya no eres tan joven. Cuenta conmigo Miguel, en lo que pueda ayudarte estaré encantado de hacerlo.

Agradecí a mi nuevo compañero su amabilidad. Seguí pensando y reflexionando qué es la vida: si haces el bien, quien recibe ese bien a veces lo olvida, pero si haces mal, quien lo recibe rara vez lo olvida, porque se recuerda más lo malo que lo bueno. Me alegro que este joven no se hubiera olvidado de mí.

Ya era tarde cuando el capataz vino a recogerme. Me llevaron ante el amo, quien me trató como si fuera un animal salvaje.

Frente a mí, le dio la siguiente orden al capataz:

- Si este negro no parte un cargamento de leña antes del mediodía, se quedará sin almuerzo. Si no tira seis cargas de yuca en la rueda, se quedará sin cenar. Quiero que vigiles cada uno de sus movimientos. Este negro tiene pacto con el diablo, actúa como serpiente, en silencio. Aquí aprenderá a valorar la vida.

Acercándose a mí, me miró con desdén y dijo:

- ¡Si intentas algo aquí en mi granja, te cortaré un brazo y una pierna y se los arrojaré a los buitres para que coman delante de ti! ¡Intenta molestarme o desafiarme! Enviaré a buscar a tu prole - se refería a mis hijos -, y te mostraré lo que puedo hacer. Hasta que regresen tus amos, serás mi esclavo, te enseñaré lo que significa el respeto.

Sin que me lo esperara, me abofeteó tan fuerte que me quedé boquiabierto nuevamente. La sangre empezó a brotar de mi nariz, mi camisón estaba empapado. El señor le gritó al capataz:

- Quita de mi vista a este asqueroso gusano, mañana empieza a trabajar.

Fui a lavarme la herida y a intentar ponerme la barbilla en su sitio antes que se hinchara demasiado; el dolor fue horrible. Cuando regresé al cobertizo, Arturo me miró asustado.

- ¿Qué pasó, Miguel? ¡Dios mío, estás sangrando!

El dolor era tan fuerte que apenas podía hablar, pero aun así respondí:

- No te preocupes, Arturo, todo está bien - Para cambiar de tema, seguí hablando -. Tenías razón, Arturo, voy a partir madera contigo y a tirar de la rueda también.

Pero ten la seguridad que estoy acostumbrado a trabajos pesados; Últimamente estuve trabajando en el campo.

Por las noches a los negros les servían una especie de angú de maíz con carne seca, apenas pude tragar unas cucharadas, me lo comí porque sabía que necesitaba reunir fuerzas para el trabajo del día siguiente.

Los gallos comenzaron a cantar anunciando la aurora. Los negros se levantaron y corrieron hacia el bosque, era allí en lo que llamaban un "munturo" - un pedazo de tierra con algunos árboles bajos, formando matorrales -, donde los negros hacían sus necesidades fisiológicas. Este lugar siempre estuvo detrás de las senzalas; todos los días un negro se encargaba de cavar el suelo y cubrir con tierra las heces allí depositadas. Una vez a la semana, esta tierra se mezclaba con paja seca de plátano y se quemaba.

Me até un trozo de tela encima de la cabeza, sujetando mi barbilla, y me puse en fila con los demás negros. Cogí una taza de barro llena de café con leche y un poco de pan de maíz. Después de tomar nuestro café, cada negro recibió su hacha, como todos los días, después del trabajo, fueron recogidas por los capataces, como medida de precaución, ya que los negros no tenían armas en sus cuartos, además, los capataces inspeccionaban estos lugares una vez por semana. Cada negro dejó su huella en el hacha, los capataces ya conocían la herramienta de cada uno.

Recibí mi hacha, con la siguiente recomendación: "el hacha está muy afilada, si quieres almorzar antes de empezar a trabajar en la rueda, es bueno saber usarla." La leña que iba a partir era angelical, madera de corteza gruesa y resbaladiza. Hay que dar tres o cuatro hachazos para llegar a la madera, que es dura como la piedra.

Los otros negros me miraron con cierta lástima; después supe qué se consideraba media carga, justamente por la dificultad que ofrece la madera.

Era casi la hora del almuerzo y todavía me quedaba un buen trozo de leña. El capataz fue llamado para recibir algunas instrucciones del amo. Arturo ya había terminado su carga, corrió hacia mí y empezó a cortar leña conmigo, dos negros más, que también habían terminado, corrieron a ayudarme. Hubo solidaridad entre los negros cuando fue posible.

Cuando apareció el capataz, me quedaban tres estacas. Los negros sentados allí fingieron reírse de mí. Cuando terminé de dividir las tres estacas, mi cuerpo temblaba; estaba mojado de sudor.

El capataz me observó y habló en voz alta:

- ¡Mmm! No lo creerás cuando escuches que realmente lograste hacer esto. Es el primer hombre negro en descifrar una carga de ángico en medio día de trabajo.

Después del almuerzo fuimos a tirar de las ruedas. Iba a sacar agua para abastecer la finca. Descubrí que eso lo estaban haciendo dos negros, no solo uno, pero logré hacer el trabajo con mucho esfuerzo.

En esa finca comenzó una nueva historia en mi vida. Cada día el capataz me traía una orden diferente. Hice de todo en esa granja. En el mes que estuve allí bajé tanto peso que podía contar todas mis costillas.

Rara vez almorzaba y cenaba el mismo día, siempre recibía castigo por servicios que humanamente dos hombres harían con gran sacrificio. Me entregaron el trabajo con la advertencia: me perdería el almuerzo o la cena.

Por las noches, tumbado en mi hamaca, me dolía el cuerpo, pero más me dolía la conciencia. Me preguntaba cómo estarían Lucien, mis hijos y mis amigos que se quedaron en la granja. Me pregunté: "¿Qué estaban resolviendo ellos en Francia?" Lo único que pude hacer fue rezar, rezar mucho.

Habían pasado seis meses, creo que he envejecido más de veinte años. Podía verme en los reflejos del agua y me asustaba mi propia apariencia. Debido a los golpes en mi barbilla, un lado de mi cara quedó un poco alta. Mi cuerpo era solo cuero y huesos, mis manos estaban callosas y arrugadas, por las noches me dolían mucho las piernas, había días que me despertaba duro de tanto dolor.

Una tarde estaba tirando la muela - moliendo caña de azúcar para quitar la melaza -, cuando vino a buscarme el capataz, diciendo:

-Miguel, preséntate allí en el patio de la casa grande. Parece que hay noticias para ti. Me estremecí... "¿qué sería ahora?"

Allí estaban mis tres señores, sentados en mecedoras. Mientras me acercaba, me di cuenta de lo asustado que estaba mi amo cuando me vio. Le preguntó al dueño de la casa si estaba enfermo. Él respondió:

- Que yo sepa, no. Su delgadez debe ser la falta de la mayordomía que siempre le diste. Aquí trabaja como los demás; o mejor dicho, un poco más que los demás.

Los señores me parecieron más tranquilos, sus rostros estaban tranquilos. Le di gracias a Dios íntimamente, no creo que fueran los tíos de Lucien.

Mi señor mayor me dijo tranquilamente:

- Miguel, ve a empacar tus cosas, te vas de regreso a la finca. Los padres de Lucien te están esperando y tendrás la gran oportunidad de contarles en persona lo que hiciste esa noche.

El señor, padre adoptivo de Lucien, gritó:

- ¡Muévete, negro! Vamos, ve a empacar tus cosas. Quién sabe, tal vez vuelvas en verano para acarrear agua. Necesitaremos el doble de lo que utilizamos hoy.

Corrí hacia el cobertizo, agarré la bolsa con mis pocas cosas, lamenté no poder despedirme de mis amigos, en especial de Arturo, quien en los últimos tiempos era como un hijo para mí. Honestamente, simplemente no morí porque él me ayudó a vivir.

Antes de partir, noté que incluso el padre de Lucien estaba más tranquilo. Subí al carruaje y me acurruqué en un banco, al lado del señor Ernesto, quien abrió mucho los ojos al verme. Durante todo el viaje no intercambiamos una sola palabra, pero cuando llegamos a la finca, apenas se bajaron los señores, me jaló del brazo y me preguntó:

- ¿Está enfermo? ¿Que tienes? No te reconocí, ¿qué era eso en tu cara, que está deformada?

- La rueda se salió y me golpeó en la cara, señor Ernesto, tuve fiebre y bajé mucho de peso, pero me recuperaré pronto, no es nada grave.

Cuando llegué al galpón, todos me abrazaron llorando. Nadie habló claramente del susto que causó mi aparición, pero noté en la expresión de cada uno el sentimiento de dolor y lástima. No pude contener las lágrimas al ver que tenía tantos amigos a mi lado. Quería correr al cementerio y visitar las tumbas de mis seres queridos, pero me contuve, pues perdí la confianza y la libertad para caminar libremente por la finca.

Por la noche, el capataz vino a recogerme. En el porche de la casa grande, junto al hombre mayor, no estaban presentes las Siñáziñas de la casa ni el marido de Lucien.

Mis manos sudaban frío, mi antiguo amo se veía muy diferente, con canas, bigote y mucho más gordo. La Siñá; sin embargo, me pareció muy bien.

Mi señor ordenó al capataz que se fuera y me dejara solo con ellos. El padre de Lucien, sin levantarse de la silla, me miró sin pestañear.

- Miguel - dijo mi señor -, ahora repetirás toda la historia que nos contaste sobre el nacimiento de Lucien. Pero primero quiero decirte que tuviste suerte. Lucien no es mi sobrina. Ella sigue siendo solo la esposa de mi hermano. Cuéntanos otra vez esa historia del día en que nació Lucien.

Agradeciendo a Dios por no haber destruido la vida de Lucien, sentí una fuerza extraña y comencé a relatar todos los acontecimientos que sucedieron esa noche.

Hablé del miedo que sentía de morir y dejar a mis hijos, no podía contener las lágrimas mientras hablaba, corrían por mi rostro. Cuando terminé de contar todo, me quedé en silencio, esperando mi sentencia.

El padre de Lucien permaneció en silencio, pero su esposa sollozaba.

Después de unos minutos de espera, que me parecieron una eternidad, se levantó y comenzó a caminar de un lado al otro del balcón, con la voz entrecortada por las lágrimas.

- Nunca imaginé que habría dejado una hija aquí en Brasil - dijo -. Su hermano gemelo murió a los siete años.

Mi pobre hijo sufrió una fiebre misteriosa, no había medicina que pudiera curarlo. En una semana vi morir a mi hijo, hasta el día de hoy todavía no acepto y no creo en su muerte, nunca imaginé que él tenía una hermana gemela, que yo tenía una hija... Si fueran unas cuantas. Hace años, ciertamente no estaría caminando en este balcón hablando, pero hoy puedo ver el mundo de una manera diferente. Simplemente me duele haber estado tanto tiempo lejos de mi hija, sin saber de su existencia. Conocí a mi hija y aun así no podía llamarla hija. Miguel, te perdono y quiero que me perdones. Salvaste la vida de mis hijos y la de mi esposa. Ese día, si fueras un monstruo, podrías haber matado a Lucien y nunca hubiéramos sabido de tu existencia. Sin embargo, arriesgaste tu vida por ella, demostrando que tienes un alma pura y limpia. Esta vez, volviste a arriesgar tu vida para ayudarla. Sabes, Miguel, el hombre solo está ciego hasta el día en que ve la verdadera luz de la vida. Cometí tantas locuras con las almas de gente inocente y conmigo mismo. Hoy trato de encontrar en Dios un poco de paz para mi vida, trato de regenerarme de las barbaridades cometidas con sus hijos.

Ese señor que conociste, Miguel, está tratando de mirar un poco más dentro de sí mismo. Vine aquí con tus amos para preparar a mi hija para la gran revelación y también para agradecerles por salvarle la vida. Quiero que estés presente en nuestra vida, quiero que ella entienda que no destruiste su vida, sino que la salvaste de la muerte.

Calma tu corazón, mi esposa no es hermana de tu amo, por eso Lucien y su marido están unidos por la bendición de Dios, son legítimamente marido y mujer.

Mi señor me escuchó con la cabeza gacha, sin intervenir en la conversación. Tan pronto el hombre terminó de hablar, el Siñóziño añadió:

- Ve, Miguel, a tu galpón, cuida tu salud, come bien, ve a buscar tus hierbas, ve a limpiar y cuida el cementerio negro. ¡Oh! Hazle saber a tu pueblo que, a partir de ahora, está autorizado a recibir sus orixás en el terreiro de la casa grande, en las mismas condiciones que antes.

Me levanté obedeciendo las órdenes de mi amo y pensé que estaba soñando. Aun sin creer lo que acababa de oír, me pregunté: "¿Qué pasó con mi antiguo amo?"

Cuando regresé al galpón, Ritiña y Nalva me estaban esperando. Ritiña, con mirada angustiada, esperó que yo dijera algo.

Les di la buena noticia a ella y a Nalva, quienes estaban con los ojos muy abiertos, sin poder creer lo que escuchaban. Esperaban todo del antiguo amo, excepto bondad en su alma.

Les pedí a las dos que informaran a los demás sobre el premio que recibiríamos. El regreso de nuestro culto en plena libertad. Me alejé como un niño, me sentí ligero y en paz.

La Luna comenzó a aparecer en el cielo iluminando el paisaje. Fui con mi viejo amigo y consejero: la palmera. Me senté y escuché cantar a los grillos, la brisa de la noche sacudía las hojas del árbol haciéndolo cantar. Repasé toda la trayectoria de mi vida, mi infancia, mi pueblo, la separación de mi padre en aquel mercado donde nos vendieron, la bondad de mis benefactores ese día. Elevé mi pensamiento a Dios al recordarlo, ese señor en verdad era un ángel de Dios en la Tierra.

No pude contener las lágrimas al recordar a mi querida abuela Joana, ella lo era todo en mi vida, era la prueba más grande de la existencia y bondad de Dios hacia nosotros. Reviví los momentos felices de mi vida: ¡fueron muchos! - y recordé el reencuentro con mi padre.

Tuve tantos hijos en la finca de mi amo, niños que aprendí a amar, niños que no estaban en mi horario de vida. Los niños generados con miedo, niños engendrados para servidumbre...

Recordé los meses que pasé en la granja del hombre que adoptó a Lucien, las noches que no podía dormir por el dolor en las piernas y miraba el techo cubierto de paja y trataba de recordar los rostros de mis hijos. Tuve 53 hijos, nueve de ellos murieron siendo bebés, el resto estaban vivos, muchos de ellos tenían días o algunos meses de diferencia.

Me quedé sentado en el suelo no sé cuánto tiempo, sé que ya era muy tarde. Me sobresalté cuando una mano tocó mi hombro. Me di la vuelta y me encontré con mi antiguo amo.

- Yo también estoy sin dormir, Miguel, ¿puedo sentarme a tu lado?

Creo que negué con la cabeza porque no podía hablar. Se sentó a mi lado y empezó a hablar:

- Es la primera vez que veo lo bonito que es este lugar. A veces vamos por la vida y no nos damos cuenta. Aquí tenía todo para ser feliz y; sin embargo, estaba demasiado ciego y alejado de Dios para comprender ciertas cosas. Cuando dejé Brasil, me instalé en una finca en Francia, que es mi tierra natal. Allí dupliqué la cantidad de bebidas que tomaba, tiré todo lo que tenía en juegos y fiestas. Lo perdí todo, no pasamos hambre porque tu antigua ama, que es mi hermana, o mejor dicho, un ángel que Dios puso en nuestros caminos, apoyó a mi familia.

- Cuando murió mi hijo pensé que me había vuelto loco, comencé a ver cosas a mi alrededor, gente que me amaba, gente que me odiaba. Muchas, muchas veces, cuando estaba borracho, se me aparecía una muchacha con cara de ángel, me ayudaba, me limpiaba el cuerpo, me ponía agua en la boca. Este ángel me dijo tantas cosas hermosas, me dijo que mi hijo no había muerto, y que yo era la que me estaba matando, que estaba perdiendo la gran oportunidad de ser feliz con las personas que me amaban. Poco a poco me fui alejando de la bebida y de las malas compañías; ya no podría vivir sin el consejo de ese ángel que me ayudó a regresar a casa y recuperar a mi familia. Mucho después, este ángel me dijo que estaba lista para perdonar, como ya me había perdonado cuando encontré mi verdadero "yo", que era mi equilibrio espiritual y emocional. Hoy, Miguel, puedo entender tus sentimientos y verte como realmente eres: un hijo de Dios, mi hermano que nació con un color diferente al mío, eso es todo. Fue una gran sorpresa para nosotros la visita de tus amos, y la inquietud de mi yerno al pensar en ser tío de mi hija. Gracias a Dios que todo quedó aclarado, antes de fallecer mi suegra reveló el verdadero nombre del padre de mi esposa.

Fue un gran shock para nosotros, ya que era una figura pública muy importante. Nos dejó una herencia considerable, gracias a esta fortuna estamos muy bien económicamente.

- Te digo esto porque tengo una propuesta que hacerte. Voy a negociar con mi amigo, y ahora familiar: hablo de tu amo. Voy a pagar tu carta de manumisión, quiero ofrecerte lo que por derecho mereces: ¡libertad! Te invito a que nos acompañes a Francia. Lucien definitivamente estará muy feliz de saber lo que fuiste y lo que hiciste por ella. Mi yerno se avergüenza de haberlo tratado tan estúpidamente, pero seguramente todos intentaremos enmendar nuestra falta de respeto hacia ti. Digámosle toda la verdad, y ya hemos acordado con mi yerno que los dos pasarán al menos un año con nosotros. Es lo mínimo que un padre y una madre, después de tanto tiempo sin tener a su hija, quieren: un poquito de su presencia. Tiene un hermano, mi hijo mayor, él se quedó dirigiendo nuestro negocio, pero estaba ansioso por conocer a su hermana.

- ¿Y sabes por qué quiero que vayas con nosotros, Miguel? Escucha lo que tengo que decirte: haré todo lo que pueda para llevarte a tu patria. De Francia a Portugal hay dos saltos, en comparación con la distancia hasta Brasil. De Portugal a Angola hay otro salto. Para compensar todo tu sufrimiento y porque salvaste a mi hija, quiero llevarte a reunirte con tu gente. Sé que no será fácil, pero buscaremos tu tierra y podrás encontrar a tus hermanos y tu propia identidad.

Suspiré profundamente antes de responder.

- Señor, por Jesucristo, Señor Nuestro, por todos los ángeles que iluminan nuestros pasos, te agradezco desde el fondo de mi corazón todas tus bondades. Honestamente, regresé hoy de la granja del padre de la señorita Lucien.

- Lo siento señor, su padre eres tú - imaginando que mi sentencia ya estaba definida y, cuando lo vi, no tuve dudas que era el final de mi vida. Sin embargo, estás aquí, ofreciéndome el mundo de la libertad. ¿No es todo un sueño?

- No, Miguel, esto se llama la mano de Dios. Mañana hablaremos con Lucien y le contaremos toda la verdad. Me gustaría que apoyaras a mi hija, estoy seguro que correrá a tus brazos.

Nos quedamos hablando hasta la madrugada, los capataces pasaron y nos vieron juntos, pero no interfirieron en nada, ¡no entendían nada! Lo que estaba pasando bajo esa palmera, solo Dios podía oírlo y entenderlo.

De repente ya no me veía frente a mi verdugo, me sentía al lado de un ser muy querido, ya no había rencor entre nosotros, nos dimos la mano, diciéndonos buenas noches y hasta mañana, olvidando que éramos esclavo y amo.

Me acosté y me quedé quieto en el tiempo, se sentía como un sueño que estaba viviendo. Me imaginé viajando nuevamente en un barco, pero esta vez sin mi padre, sin Ritiña y sin los demás.

Esta vez no como prisionero, no iría en la bodega del barco, sino como pasajero, eso dijo mi señor. Me imaginé regresando a mi tierra...

¿Mis hermanos todavía estarían allí? ¿Mi madre estaría viva? Algo me dijo que no... ¿Tendría el coraje de regresar? ¿Qué haría allí ahora? Ya no me quedaba nada, mi vida se limitaba a la finca del amo. Los seres humanos guardan recuerdos durante mucho tiempo y sufren por ellos; soñaba con volver, pero temía lo que encontraría.

¿Quería ser libre? ¿Qué haría con mi libertad? No había nada. ¿Tendría el coraje de obtener mi libertad dejando a mis hijos esclavizados? Todo esto me atormentaba.

No podía cerrar los ojos, los primeros rayos de luz entraron al galpón, los gallos cantaron anunciando la llegada de un día más. Me levanté lentamente, me dolía un poco la espalda debido a mi delgadez, abrí la puerta del galpón, los primeros rayos del día adornaban el horizonte.

Con el corazón acelerado me dirigí al cementerio, mi sensación en ese momento fue como si mi abuela Joana estuviera viva y esperándome. Aumenté mis pasos, quería llegar rápido, empujé el pequeño portón de madera, entré abrazado al árbol de ipé blanco que estaba en plena floración. La tumba de mi abuela estaba cubierta de flores blancas, me incliné y besé el suelo.

Grité:

- ¡Abuela Joana, ya estoy aquí! Soy yo, mi abuela. Estoy delgado y enfermizo, pero me mejoraré pronto, ¡ya verás! Cuánto te extraño mi querida abuela.

Saliendo de mí, como en trance, revisé la dulzura con la que ella me atendía. Era mi madre, sí, era mi madre… Era mi abuela… ¡Fue todo lo mejor que tuve en la vida!

- Necesito tu consejo, ven a ayudarme… ¿Qué hago abuela? ¿Sabes lo que me prometiste? ¡Libertad!

Fui a la tumba de mi padre y lloré.

- Papá, ¿puedes oírme? Escuchen lo que tengo que decirles: el mismo amo que me obligó a tener hijos como esclavos me ofrece la libertad. Si estuvieras aquí, le pediría que estuvieras tú en mi lugar. ¿Qué hago, papá?

Regresé y me senté, apoyándome en el cambio de ipé. Me envolvió el olor de flores y hierbas que desprendían su perfume mezclado con la serenidad de la mañana.

Sentí sueño, una brisa cálida me atravesó. Con los ojos cerrados pude ver a una chica vestida de blanco, su olor era el mismo, hierbas y flores....

- ¡Miguel, querido hijo! Qué maravilloso es Dios - me dijo -. Desde el fondo de tu corazón perdona a tu amo, perdona, hijo mío, a quien te acogió en estos últimos días. Sin saberlo, hijo mío, te ayudó a caminar un poco más. Mi querido hijo, hoy tu corazón te dirá si debes irte o no.

Recuerda, hijo mío, la historia de los cocos de palma. Dondequiera que el Padre te necesite, amados míos, no niegues su presencia. No olvides que siempre estaré a tu lado.

Aun cuando no te des cuenta, estoy a tu lado, sigo tus pasos.

Sentí una ola de calidez tocándome, me sentí ligera, feliz y en paz; mis lágrimas eran de felicidad y, medio dormido y medio despierto, sentí tus manos tocando mi rostro, sentí tu perfume en el aire.

CAPÍTULO XVI
EL GRAN VIAJE

Eran alrededor de las once de la mañana y estaba mirando los arneses de los animales cuando vi a Lucien correr hacia el alojamiento de los esclavos.

Solté el arnés y corrí tras ella. Al verme levantó los brazos y gritó:

- ¡Dime la verdad, Miguel! ¡Me contaron una historia que no puedo creer! ¿Que mis padres son esos dos señores que están dentro? ¿Me hiciste esto, Miguel? ¡Di que no es verdad!

Senté a Lucien en un banco, Nalva ya tenía agua endulzada en la mano, tratando que Lucien la bebiera.

- Siñáziña, cálmese y escúcheme...

Ritiña también se acercó, todos queríamos abrazarla, pero teníamos miedo de hacerlo; ella era nuestra ama.

- Dime, Miguel, toda la verdad - preguntó Lucien.

Ella ya estaba más tranquila, así que le conté toda su vida de niña hasta dejar la finca. Hablé de mi dolor por tener que dejarla lejos de nosotros. Mi alegría por encontrarla de nuevo. Estábamos felices de tenerla de nuevo entre nosotros. Y mi decisión de revelar toda la verdad sobre su nacimiento.

Así que me quedé en silencio porque estaba muy emocionado. Ritiña le contó lo linda que era cuando era bebé, el cariño que todos le teníamos y nuestro dolor cuando se fue.

Poco a poco se fue calmando...

- Por eso me gusta tanto este lugar, ya vivía en el barrio de esclavos. Tengo un sentimiento de felicidad cuando estoy contigo -. Se levantó y me dio un fuerte abrazo -. Miguel, fuiste mi primer padre, nadie corta guayabas como las tuyas. Mi padre tiene razón, me salvaste la vida, gracias por todo. Desde el primer día que te vi, algo dentro de mí me decía que te conocía de alguna parte. Amo a los padres que me criaron, fueron los mejores padres del mundo, pero ahora que sé toda la verdad, necesito aprender a amar a mis verdaderos padres; tengo un hermano y quiero conocerlo. Mis padres nos invitaron a mi marido y a mí a pasar un año en Francia, y la invitación se extiende a ti también. Realmente me gustaría que vinieras. ¡Mi padre está negociando tu carta de manumisión! Él quiere llevarte y yo solo iré si tú vas.

Se sentó a mi lado y empezó a hacer planes.

- Iremos a tu país, si encuentras a tus familiares, nos quedaremos allí unos meses, y cuando volvamos, te recogeremos. ¿Qué tal? ¡No te quedarás ahí! ¡De ninguna manera!

Tía Nalva y tía Rita, no se preocupen, porque vuelve con nosotros, solo va a dar un paseo.

La paz volvió a reinar en la finca, poco a poco me recuperé, mi antiguo amo me entregó una carta de manumisión diciéndome:

- Ya no eres un esclavo, eres mi protegido. Ve a cuidar tu salud, come bien y descansa mucho, porque el viaje es largo. Pero ten por seguro que será muy cómodo.

Después de un mes y medio, los señores se disponían a partir. Ritiña lloró solo de pensar en que yo volviera a poner un pie en nuestra tierra. Ella me pidió:

- Trae un poco de tierra, algunas hojas, cualquier cosa que me recuerde el olor de nuestra tierra. Intenta hablar de mí, quién sabe, tal vez encuentres a mis familiares allí.

Llegó el día de la salida, el capataz, señor Ernesto, me tocó el hombro y me dijo:

- Miguel, lo más justo que hicieron aquí fue concederte esta carta de manumisión. Sinceramente espero que encuentres a tu familia. Gracias a Dios, la trata de esclavos mediante barcos negreros está prohibida. Y mira, Miguel, yo creo que ni siquiera llegaremos a este tiempo, pero llegará el día en que aquí no habrá más esclavos. Alguien tiene que cambiar estas leyes y algún día blancos y negros tendrán los mismos derechos. ¿Quién sabe nuestros nietos, bisnietos o tataranietos? Tengo fe en que algún día todo esto terminará. Sé muy feliz, te lo deseo desde el fondo de mi corazón.

El amo me preparó un pequeño baúl, con ropa de hombre libre, ya que los esclavos liberados vestían ropas diferentes a las de los blancos y también a las de los esclavos. Me despedí de mis hijos y de sus madres. Daría cualquier cosa por ver a mis hijos tan libres como yo.

Después de la larga caminata en el carruaje de caballeros, desembarcamos en una posada; le recomendaron al mayordomo que me pusiera en una habitación con baño y todas las comodidades de un hombre libre, y él le presentó mi carta de manumisión.

Nunca había estado en un lugar así, el chico tuvo que enseñarme cómo funcionaba todo, ya que yo no tenía conocimientos. Fue la primera vez que me bañé en una bañera.

Durante la cena, el señor me sentó en la mesa junto a él. Le insistí al señor que quería comer adentro, pero me dijo:

- A partir de ahora vas a tener que acostumbrarte a muchas cosas nuevas. No olvides que ahora eres un hombre libre.

Empezó a enseñarme sobre el dinero y su valor, y aprendí rápidamente. Lucien estaba feliz con su marido, hacía todo lo posible para complacerme.

Al día siguiente llegamos al puerto, nos subimos a los botes que nos llevarían al barco, vi el monstruo que se balanceaba en las aguas azules del mar.

Me estremecí al recordar la primera vez que vi el mar y los interminables días que pasamos dentro del barco de esclavos. Cuánto sufrimiento, cuánto dolor, enfermedad y muerte cada día estuvieron presentes entre nosotros. Niñas violadas, hombres atados, tratados como animales.

Ahora me subía de nuevo a un barco que posiblemente me llevaría de regreso a mi tierra natal. Recordé el sueño en el que estaba con mi padre en nuestro pueblo, comencé a temblar y a sentir escalofríos. El señor, dándome palmaditas en la espalda, me dijo:

- Tranquilo, Miguel, esta vez tu viaje será muy diferente.

Desde el primer momento que entramos al barco vi que allí todo era puro lujo. Me quedé en una habitación con dos muchachos negros libres, ellos también acompañaban a sus amos en sus excursiones, ya que todos los hombres negros libres en ese momento continuaban sirviendo a sus amos por libre elección. No había otra alternativa, no teníamos recursos, no podíamos sobrevivir sin ellos. Los hombres son como los pájaros: libres, vuelan lejos; atrapados, pierden el rumbo de sus propias vidas. Dependen de los demás para todo.

En la habitación había camas, botellas de agua, mucho lujo. Pronto me llevé bien con los chicos, todos se dirigían a Francia. Cada uno contó su historia de vida. Ellos nacieron en Brasil, yo era el único que tenía recuerdos de mi tierra, de mi gente. Contaron historias sobre sus madres, hablaron de sus padres. Estos siempre eran señalados por la madre, cuando se trataba de un criador de la granja. Había muchos negros que eran hijos de los amos o capataces; entonces, la madre evitaba decirle la verdad a su hijo o acabaría generando más revuelta en los pobres infortunados.

Los chicos continuaron eufóricos, contando sus hazañas y haciendo planes para el futuro. Sus madres permanecieron cautivas, recibieron la carta de manumisión por buena conducta con su aprobación. Una madre es madre en cualquier momento y en cualquier lugar, una madre siempre da la vida por sus hijos, y muchas madres renunciaron a la libertad que les concedían a sus hijos.

Hubo muchos casos de hijos de muchas mujeres negras que obtuvieron la libertad, dejando a hermanos, madre y padre en cautiverio. Mi caso, por ejemplo: gané una carta de manumisión que me otorgaba la libertad, pero mis hijos quedaron todos cautivos.

No puedo decir cuál sería el mayor sufrimiento, si permanecer cautivo o dejar a mis seres queridos esclavizados.

La mayoría de los negros que recibieron la libertad apenas la disfrutaron, ya que no podíamos sobrevivir por nuestra cuenta. Vi a muchos hermanos negros saltar de alegría por haber obtenido su libertad y, después, no aguantaron ni dos meses con vida.

Cuando sintieron el sabor de la libertad, les entraron ganas de beber y provocar a algún capataz, o incluso a algún hacendado; Solo hubo un resultado: la muerte.

Sé que hay encuestas sobre personas negras que recibieron sus cartas de libertad, pero, por otro lado, también sé que no hay ninguna encuesta que muestre cuánto tiempo estuvieron vivos para disfrutar de "esta libertad tan esperada."

Los chicos hablaban, yo solo escuchaba; uno de ellos me llamó la atención:

- ¡Ey! ¿No hablas nada? Cuéntanos cómo obtuviste tu libertad y qué harás a partir de ahora.

En ese momento ya me preguntaba: "¿Qué hago aquí, Dios mío? ¿No estoy cometiendo otro crimen al aceptar todo este lujo mientras dejo mi sangre corriendo en los cuerpos de tantos niños cautivos?"

Mirando al joven y pensando en mis hijos, respondí:

- Qué voy a hacer con esta libertad mía, no lo sé. A decir verdad, lo que realmente busco es la libertad de mi conciencia. Perdí mi identidad desde el principio, me dieron la oportunidad de recuperarla, pero en el fondo ya me arrepiento de haberme alejado de mis afortunados hijos y amigos.

Seguimos hablando hasta altas horas de la noche, de hecho, ninguno de nosotros tenía sueño, cada uno tenía un peso en la conciencia: ¿de qué sirve ser libre si los que amo siguen ahí?

Temprano al día siguiente corrimos para ayudar a nuestros amos con sus necesidades. Mi antiguo amo me llevó aparte y me dijo:

- ¡Creo que descubrí dónde está tu tierra! Hablando con un magnate que se especializa en barcos de esclavos, aprendí mucha información importante que podría llevarnos allí. Tan pronto como lleguemos a Francia, dejaré a mi familia y te seguiré a Portugal. En Lisboa voy a pedir ayuda a unos amigos que tengo allí. Intentaré llegar a Angola contigo. Según los datos que tengo a mano, no nos resultará difícil llegar a tu aldea. Rezo para que encuentres a tu familia. En todo lo posible lo haremos, no escatimaré esfuerzos para ayudarte. Y aun así no te pagaré ni la tercera parte de mis deudas, Miguel. Quiero confesarles algo: tengo algunos amigos influyentes en Portugal, hoy formo parte de un movimiento secreto, donde hay planes de implementar una revolución general, involucrando a Francia, Portugal y miembros de la nueva tierra, que es Brasil.

Sabes Miguel, a pesar de todos los conflictos que estamos viviendo hoy, empezamos a ver que el hombre no tiene derecho a encarcelar a otro hombre simplemente por el color de su piel. Nos encontraremos con estos amigos en Portugal y, a través de ellos, llegaremos a tu tierra natal. Confía en Dios y únete a nosotros en esta noble causa. Podrás luchar, ayudar y salvar a tus hijos del cautiverio brasileño. Al ir a Angola y regresar como ciudadano angoleño, podrás aprovechar la Nueva Ley que otorga a los padres de otros países el derecho de sacar a sus hijos del cautiverio brasileño. Encontraremos un buen abogado que demandará el rescate de sus hijos. No te preocupes, le pagaré a la corona la cantidad que se le asigna a cada uno de tus hijos y los traeremos contigo. Ora, ora mucho a tus orixás, y que nos iluminen hasta donde queramos llegar.

Me quedé en shock, me temblaban las piernas, en ese momento no podía entender lo que me decía.

A pesar de todas las comodidades a bordo, los días parecían interminables. Me sentía cansado, deprimido y no quería empezar una nueva vida otra vez.

Soñé con esa oportunidad toda mi vida, y ahora que se acercaba me di cuenta que no la deseaba tanto.

Mi vida cambió, mis valores cambiaron, descubrí en ese lujoso barco que el pasado, bueno o malo, quedaba atrás. Descubrí que el presente transforma, empuja al hombre hacia adelante, no hay vuelta atrás.

Miré la inmensidad de las aguas del océano y recordé mi primer viaje sobre las olas del mar. De repente, el anhelo por mi padre se hizo fuerte. Daría cualquier cosa, volvería a pasar por todo solo para tenerlo a mi lado.

Del niño del barco negrero, de Luís Fernando, no quedó más que el anhelo por los seres queridos que guardamos en el corazón. Aquí había un hombre que necesitaba aceptarse a sí mismo, ante todo. Luís Fernando quedó enterrado dentro de mí; yo era realmente Miguel, padre de mis hijos brasileños.

Y así continuó nuestro itinerario, cada día me contaba un nuevo descubrimiento. Había mucha gente importante en ese barco, eso me dijiste.

Antes de desembarcar, pasamos por una inspección rigurosa, los blancos pasaron tranquilamente, los negros fueron registrados, por precaución, eso es lo que se dijo.

Todo esto fue aceptado naturalmente por los negros, y sé que sigue siendo así hasta el día de hoy. Los negros son los primeros sospechosos cuando se trata de irregularidades en algunos lugares de la sociedad. Lo que el hombre necesita aprender es que los blancos y los negros son capaces de hacer cosas buenas y malas. El cerebro de una persona negra no es negro, ni el cerebro de una persona blanca es blanco.

Noté que Lucien hablaba en serio y ya no jugaba conmigo. Armándome de valor, le pregunté:

- ¿Mi Siñá está enojada conmigo?

Ella me respondió:

- Enfadada, no, estoy preocupada. Sé que volverás a tu tierra natal, me temo que nunca querrás volver a Brasil. Ahora que conocí a mi familia, veo cuánto perdí lejos de ellos. Me imagino cómo te sientes, y ahora, teniendo esta oportunidad, tienes derecho a no querer volver nunca más al lugar donde fuiste esclavizado.

Emocionado, le respondí a Lucien:

- En Brasil sufrí mucho, pero siendo justo y honesto conmigo mismo, mi felicidad fue mucho mayor que todo mi sufrimiento. Conocí tanta gente amable, recibí tanto amor... Sería un desagradecido si te dijera que solo conocí la desgracia. En cuanto a regresar a Brasil, regresaría hoy, ya. Mis hijos están ahí, Siñáziña, mi vida está ahí.

Por la noche, ese mismo día, mis amos me llamaron a una habitación cerrada. Mi antiguo amo me dijo entonces:

- Miguel, empaca todas tus cosas, mañana salimos para Portugal. Me puse en contacto con mis amigos portugueses, todo está bien para nuestro embarque.

Mi Siñóziño me recomendó que fuera sin miedo, ya que su suegro se encargaría de todo lo necesario para llevarme y traerme de regreso. Dijo que él y Lucien no regresarían a Brasil sin mí.

Al día siguiente temprano nos despedíamos de la familia. El hermano de Lucien me entregó un abrigo elegante y me dijo:

- Llévalo contigo, puede hacer frío y este abrigo aguanta el frío.

Tuve miedo de tomarlo, pero él, riendo, me dijo:

- Es tu abrigo, tómalo.

Vi lágrimas en los ojos de Lucien, nos miró a su padre y a mí. Antes de cruzar la puerta de salida, ella corrió y se arrojó en mis brazos, sollozando y diciendo:

- Miguel, perdóname si fui grosera contigo, en el fondo de mi alma los mejores recuerdos de mi infancia están ligados a ti. Por favor perdóname y vuelve a mí.

No encontraba palabras, le toqué la cara como cuando era un bebé. Sentí un nudo en la garganta y, conteniendo las lágrimas, seguí sin decir nada.

Abordamos un pequeño barco al que llamaban vapor; Había muchos hombres blancos, todos ellos amigables y me trataron amablemente. El Sol se hundía en el cielo cuando me dijo:

- Estamos llegando a Portugal. Hoy descansaremos, pero mañana temprano estaremos cruzando el otro lado del mar, rumbo a tu tierra.

Ya nos estaban esperando unos hombres, nos llevaron a una casa donde nos quedamos. No salí de mi refugio esa noche, pero sé que mi señor se reuniría con otros hombres para discutir la revolución por la libertad.

Cuando aclaró el día, ya estaba de pie; crecí con este reloj biológico dentro de mí. Mi amo llamó a la puerta llamándome por mi nombre, tomé mi bolso de viaje, el abrigo que lucía con orgullo y lo seguí. La señora de la casa me ofreció un vaso lleno de leche y un poco de pan casero, que comí con mucho gusto. Los señores que acompañaban a mi amo me trataron como si fuera una persona blanca. Uno de ellos, llamado Sr. Silvério, me dio una palmada en la espalda y dijo:

- Vamos Miguel, si Dios quiere, muchas cosas cambiarán en tu vida y en la vida de otros hombres que están en tu condición. Mientras caminábamos, dijo:

- Si todo sale como planeamos, pronto me voy a Brasil con algunos compañeros y vamos a cambiar la historia de ese país - Suspiró profundamente y continuó hablando -. Nuestra lucha no ha sido fácil, pero tenemos confianza. Creemos que, si no podemos cambiar el mundo, al menos podemos cambiar el pensamiento de los hombres. El mayor ejemplo es mi amigo de allí - dijo señalando a mi antiguo amo.

Realmente ese hombre era otra persona, muy diferente al hombre que yo conocía. Actuó con sencillez, ya no parecía un hombre blanco, me recordó a mi primer buen amo, que Dios lo tenía en sus brazos, pregunté pensativamente. Él y su esposa fueron dos ángeles en mi vida.

Mientras el señor Silvério hablaba, pensé: "Me dijeron que mi ama se volvió a casar y tuvo gemelos. ¡Oh! Si pudiera volver a verla... ¿viviría en esa Francia?" - me pregunté.

Llegamos a un lugar donde ya estaban entrando algunas personas, en medio de un vapor azul y blanco. Entramos y pude ver que había gente negra entre los blancos, sentados juntos; lo encontré muy extraño.

El Sol ya cruzaba la mitad del cielo cuando llegamos a un lugar donde había muchas palmeras y una playa de arena blanca y fina.

Al otro lado de la orilla había algunos carros cubiertos, enjaezados a hermosos caballos y algunos negros a su alrededor. Uno de sus amigos fue allí para hablar con uno de ellos y me señaló; el negro, sonriendo, se acercó a mí y me estrechó la mano.

Nos dividimos en los dos carros, yo me quedé al lado del señor Silvério. Seguimos un camino de tierra, el polvo lo cubría todo. Al llegar a cierto punto del camino, pude ver que, hasta donde alcanzaba la vista, se trataba de una plantación de palmeras. Estaba tratando de recordar algo de mi memoria en ese camino que me recordara el día que partí, lamentablemente nada me recordaba a mi pueblo.

El Sol ya se estaba poniendo cuando llegamos cerca de un río, caminamos por su orilla durante mucho tiempo; algunos negros tiraban de sus canoas mientras nos miraban curiosos.

Llegamos a un pequeño pueblo. Había varias casas pintadas de blanco, otras de azul y una pequeña iglesia en el medio. El sacerdote estaba vestido todo de negro en la puerta de la capilla, algunas mujeres llevaban pañuelos de colores atados a la cabeza, muchos niños jugaban alrededor de unas palmeras.

Mi señor se volvió y me dijo:

- Miguel, según la investigación que hicimos sobre tus orígenes, este es el lugar donde naciste. ¿Recuerdas cómo era tu pueblo? Con el paso de los años, la gente cambió y el lugar también. Ven, hablemos con el vicario, nos está esperando.

El sacerdote nos recibió, nos bendijo y nos condujeron a una pequeña habitación al fondo de la iglesia.

CAPÍTULO XVII
MI NUEVA FAMILIA

Después de los habituales saludos, el sacerdote sacó una carpeta de un cajón, se la entregó al señor Silvério y le dijo:

- Aquí está toda la información que pude obtener sobre este caso.

Los señores, leyeron, y fue mi señor quien habló primero, mirándome:

- Miguel, seguro que estás en casa, ésta es tu tierra.

En mi corazón me dije: "¡Todos están equivocados, este no es mi pueblo!"

El señor Silvério me devolvió a la realidad, pidiéndome que prestara mucha atención a todo lo que leía y que intentara recordar algunas cosas.

Empezó leyendo la historia de mi secuestro. Pronunció los nombres de mis padres, hermanos y algunos familiares cercanos que ya ni siquiera recordaba.

Comentó que uno de los negros que participó en nuestro secuestro aun estaba vivo y fue a través de él que recabaron información hasta llegar a mi origen. Mencionó los nombres de algunos negros que trabajaban en el barco negrero, contó detalles de cómo eran, cómo se comportaban con nosotros, algunos detalles personales de mi comportamiento, todo sumaba.

El sacerdote le pidió al niño que lo ayudaba en la iglesia que fuera a llamar a Luzia y a todos sus hermanos. ¡Ese era el nombre de mi hermana mayor! El cura añadió: que todos vinieran a la iglesia, era un asunto muy importante.

Al cabo de media hora entraron tres mujeres y dos hombres, a uno de los cuales reconocí inmediatamente por su parecido con mi padre. Las mujeres no me recordaban a nadie. Entonces el sacerdote me los presentó diciendo:

- Gracias al trabajo de estos hijos de Dios, creo que estás ante tu hermano, Luís Fernando.

Todos vinieron a mí llorando, mi hermana Luzia tuvo que sentarse y tomar un vaso de agua con azúcar. Yo, aun sin poder creer que fueran mis hermanos, recordé que tenía tres hermanos; ¡no cinco!

Mis cinco hermanos estaban hablando con los señores y el cura, yo no entendía muy bien lo que decían. Finalmente mi señor, poniendo su brazo sobre mis hombros, dijo:

- Miguel, ahora te quedarás con tu familia, reconectarás con los lazos familiares que quedaron atrás. Te dejaremos con tu familia, pero nuestro amigo y colaborador en esta gran obra de Dios que es la libertad, te ayudará en todo lo que necesites. Él traerá noticias de nosotros a ti y traerá noticias de ti a nosotros. No te asustes, estaremos en contacto contigo.

Armándome de valor, le dije:

- Estoy confundido y asustado de engañarme a mí mismo y a otras personas. No tenía cinco hermanos. ¡Éramos tres y veo que aquí hay cinco personas diciendo que son mis hermanos!

Entonces el señor me dijo:

- Miguel, estás entre tus hermanos. Conocerás toda la historia de tu familia y entenderás lo que pasó.

Luzia me abrazó y me preguntó si todavía me gustaba el *"xerém"* - maíz blanco machacado en un mortero, cocido con leche de vaca y sal. Antes que pudiera responder, añadió a su pregunta:

- "Y las semillas de palma que dejaste plantadas son hoy la fuente de supervivencia de nuestro pueblo. Eres muy conocido entre nuestro pueblo, precisamente porque nos dejaste este legado."

Me emocioné y comencé a ver algunos rasgos de mi madre en su rostro. Empecé a llorar y pregunté, entre sollozos:

- ¿Dónde está nuestra madre?

- Nuestra madre lleva más de 25 años con Zambi - Dios. Ella nunca te olvidó, murió soñando con este momento que vivimos ahora. Quería verte, quería saber de ti. Sabíamos que vivías, nuestros maestros confirmaron tu presencia ligada a la familia, pero no teníamos esperanzas de volver a encontrarte. Luís, tenemos muchas cosas de qué hablar. Nuestra madre, a pesar de todo el sufrimiento de su corazón, unió fuerzas con otro buen hombre, precisamente para defendernos. Tenía a nuestros dos hermanos menores, Bento y Beatriz.

Me sonrieron amablemente, vi que Beatriz tenía la misma sonrisa que mi madre.

Ellos me dijeron adiós. El señor Silvério, un joven magnífico, me estrechó la mano y me dijo:

- Ánimo, amigo mío, mantente firme en la lucha. Intentemos hacer algo más por ti.

Mi señor entregó una pequeña bolsa llena de monedas al sacerdote, recomendándole:

- Hay suficiente para que Miguel pueda empezar de nuevo su vida. Cómprale un buen terreno, semillas, herramientas y algunos animales, el resto lo sabe hacer mejor que nadie.

El sacerdote, estrechándole la mano, respondió:

- No te preocupes, Frederico, haré lo que me pidas. Pronto nos comunicaremos contigo.

Mi señor le dijo:

- Cualquier novedad, se te informará.

Por primera vez vi lágrimas en los ojos de un noble blanco cuando se despidió de un negro. Me miró unos segundos con los ojos llenos de lágrimas, me abrazó y con palabras entrecortadas por la emoción me dijo:

-Miguel, Dios te bendiga. Cuídate mucho, dentro de seis meses volveré a buscarte, pero antes tendremos noticias.

Se fue sin mirar atrás. Me quedé allí sin saber qué pensar, sentí que se me hundía el corazón, sentí el mismo sentimiento de abandono. Estaba otra vez solo, sin padre, sin madre y sin amigos. Pero, de todos modos, si Dios me preparó ese camino, debería llegar hasta el final. Después de escuchar todas las recomendaciones del sacerdote, salí de la capilla acompañado de mis hermanos. Estaban felices y emocionados me presentaron a toda la comunidad, que me rodeó por todos lados.

Llegamos frente a una casa, una señora de cabello blanco apoyada en un bastón de madera y sostenida por una joven, me abrió los brazos. Llorando, gritó:

- ¡Hijo mío, eres tú! Luís, hijo mío. ¡Oh! Orixás, mi hermana necesitaba estar aquí en este momento, nuestra felicidad es demasiado grande.

Seguí mirando ese rostro marcado por el tiempo, tratando de recordar dónde la conocí. Mi hermana se adelantó y dijo:

- Luís, ésta es nuestra tía Anita, la hermana de nuestra madre. ¿No la recuerdas?

Como despertando de un sueño infantil, reconocí en los rasgos de mi tía la imagen de mi madre. La abracé llorando. Sí, me acordé de cuando hacía palomitas con miel para los niños. Recordé que ella y mi madre siempre estaban juntas cuidando a los niños.

La miré a la cara y no pude contener la emoción y el anhelo de la felicidad que conocía a su lado. Llegó el resto de la familia, sobrinos, cuñados, primos, tíos y mi padrastro. Un hombre de pelo blanco, barba poblada y blanco como el algodón. Con ojos serenos y una sonrisa amable, me estrechó la mano diciendo:

- Luís, no te acuerdas de mí, pero te conozco desde el día en que naciste. Junto a tu madre, hoy soñamos con este día. Lamentablemente, ella no está aquí para compartir esta felicidad con nosotros. Quiero, hijo mío, que primero hables con tus hermanos y con toda la familia para saber todo lo que pasó durante estos años de separación. Tu madre sufrió mucho, todos sufrimos mucho. Tendremos mucho tiempo para hablar.

Lo miré y me pregunté: "Si mi madre soñó con este día, ¿cómo pudo haberse olvidado de mi padre?" Mi pobre padre, si hubiera vuelto conmigo, ¿qué habría sido de él? Pasé toda mi vida soñando con volver a casa y, cuando regresé, encontré nuevos hermanos y un padrastro... ¿Cómo se sentiría mi pobre padre? Vivió toda su vida en el sufrimiento del cautiverio y se alimentó de los anhelos y recuerdos de su amada esposa...

No le respondí a mi padrastro, la cabeza me daba vueltas, estaba cansado, agotado por el viaje y las emociones de los últimos tiempos. Mi hermana notó mi cansancio y preguntó:

- Dejemos descansar a Luís. Mañana tendremos todo el día y luego todos los días para pasar con él.

Ese nombre me sonaba tan raro: Luís... ¡Ya no sentía lo mismo, comencé a extrañar que alguien me llamara Miguel!

¡Me llevaron a la parte trasera de la casa y pude respirar el aire puro y fragante que solo esa tierra tiene! Las palmeras se extendían hasta donde alcanzaba la vista, me duché y me cambié de ropa, regresando a la casa.

En la cocina, mi hermana había preparado una calabaza con leche de cabra, un plato lleno de yuca frita en manteca, queso gratinado y tapioca con coco.

Riendo, ella me preguntó:

- ¿Aun te gusta esta comida, Luís? Era tu favorita cuando eras niño - añadió.

- Han cambiado tantas cosas, Luzia, he perdido tantas cosas buenas en esta vida, pero he conocido tantas otras cosas buenas que ya no puedo decir que toda mi vida ha sido de sufrimiento.

Soñé tanto con este momento que nunca imaginé que algún día podría estar aquí nuevamente. Pero ahora me doy cuenta que ha pasado el tiempo y todo ha cambiado, hemos cambiado nosotros...

Mientras comía ella me miraba, de repente me abrazó en silencio y lloramos juntos. ¡Había tantas cosas que decirse unos a otros! Me llevó a una habitación y me dijo:

- Te quedarás en esta habitación, era de mi último hijo, que se casó no hace mucho. Tú quédate conmigo, yo también estoy sola. Quedé viuda y mis hijos están todos casados, gracias a Dios. Descansa un poco, hemos esperado tantos años por este día que no está de más esperar hasta mañana para empezar a hablar de nuestras aflicciones y alegrías.

Me acosté y ella me cubrió como si todavía fuera ese niño. No podía esperar hasta el día siguiente para saber cómo nuestra madre podría volver a casarse y tener hijos, sabiendo que estábamos en el cautiverio brasileño.

- Luzia, no entiendo cómo nuestra madre pudo volver a casarse, sabiendo nuestra infelicidad... - Luzia se secó los ojos y me dijo:

- Luís, la noticia que nos llegó hasta aquí fue que nuestro padre había muerto antes de llegar a su destino, y que fuiste entregado a una familia que te adoptó. Incluso nos trajeron algunas de las pertenencias de nuestro padre, que se las entregaron a nuestra madre. Posteriormente reconocerás el hacha que dejó, las botas de cuero y el sombrero. Teníamos un traidor entre nosotros: Juvenal nos traicionó, les mostró el camino a nuestro pueblo a aquellos blancos. Después que lo descubrieron, desapareció y nunca volvimos a saber de él. Hace poco supimos que estabas vivo y que nuestro padre murió en cautiverio junto a ti. Me alegro, Luís, que nuestra madre no haya vuelto a sufrir ese golpe. Ella nunca se olvidó de nuestro padre ni de ti.

El tío Benedicto se casó con nuestra madre. Fue un padre para nosotros, apoyó a nuestra madre. Por eso te pido Luís, mira a este viejo negro y trata que te guste. Hizo por nosotros lo que hubiera hecho un padre. Él siempre nos respetó y amó verdaderamente a nuestra madre, hasta los últimos días de su vida. Ni siquiera puedo decirte, hermano, si no hubiera sido por el tío Benedicto qué hubiera sido de nosotros. Nuestro abuelo, cuando te fuiste, se cayó a la cama y nunca más se levantó. Solo salió de casa para ir al cementerio.

Descansa hermano, mañana hablaremos de esto.

Acostado, miré al techo, me acordé de mis hijos, Ritiña, Nalva, ¡qué amigas y hermanas! Extrañé todo y a todos.

Estaba pensando en Lucien y su marido, las lágrimas corrían por mi rostro, mi corazón se hundía, quería correr a la zona de esclavos.

Allí estaba mi vida, allí estaban las personas más queridas y necesarias en mi vida.

Soñé mucho con regresar a casa y ahora estaba allí, sintiéndome perdido como un pájaro que se ha extraviado. Tumbado en la cálida cama de paja, cubierto con una colcha de retales, comencé a comprender que los planes de Dios son muy diferentes a los nuestros.

La ansiedad se apoderó de mí, apenas había llegado y deseaba regresar. Daría cualquier cosa en ese momento por volver a Brasil, a los barrios de esclavos, a mis hijos y amigos. Tardé un rato en conciliar el sueño, el silencio de la noche fue roto por el canto de los grillos. Cerré los ojos y pensé: "Cantan en el mismo idioma y dicen lo mismo, aquí y en Brasil."

Y así, escuchando el canto de los grillos y los ladridos de los perros, que tanto se parecían a los de la casa grande, me quedé dormido. Empecé a soñar que estaba en el cementerio y veía a mi abuela Joana hablando con mi padre. Corrí hacia ellos y les grité: "¡Gracias a Dios ya estoy de vuelta! Mira, abuela, lo que estaba soñando: que viajaba a Francia y me iba a Angola y que había conocido a mis hermanos, a mi tía Anita y a dos nuevos hermanos. ¡Imagínese qué sueño tan loco!

- No hijo, no soñaste, todo es verdad - respondió mi padre mirándome seriamente – Estás con tus hermanos, estás en nuestra tierra, y yo estoy aquí para pedirte una cosa: trata bien al señor Benedicto y quiere por igual a tus hermanos. Le debemos mucho al señor Benedicto, él hizo el papel de padre de tus hermanos, cuidó a la mujer que amamos, tu madre. Solo tenemos que agradecerle. Ahora es tu turno de mostrarle nuestro agradecimiento. Cuídalo bien, hijo mío, aprende a quererlo."

Mi abuela Joana me abrazó diciendo:

- "Miguel, hijo mío, ¿te acuerdas de las semillas de palma? Prosperan y se multiplican en nuevas vidas. Dios nos confía a cada uno de nosotros muchas tareas, hijo mío. Procura realizar bien tus tareas, como te enseñé: con paciencia y humildad. Nunca quieras saber más que tu Padre Creador, él sabe lo que es mejor para cada uno de sus hijos. Ten obediencia y respeto hacia tu Padre Creador."

Mi padre volvió a hablar:

- "Estamos de tu lado, hijo, no estás solo, nunca te sientas abandonado, porque estamos aquí, en Angola, de tu lado.

No estás soñando, nos buscaste tan lejos, hijo, corriendo hacia Brasil en busca de aliento, olvidando que solo necesitas invocar a Dios y creer en la fuerza del amor. Duerme, descansa, hijo. Mañana por la mañana te sentirás mejor y más seguro. No olvides las viejas enseñanzas de nuestros orixás: no sueñes con las estrellas en el cielo, mientras las luciérnagas te aclaran el camino en la Tierra."

Tragué fuerte, recordando que mi madre se casó con otro hombre y mi padre me pidió que cuidara de él. Me repugnaba saber que él la amaba tanto y que ella se había casado con otro, olvidándose de él. Mi abuela, abrazándome, me preguntó:

- "Miguel, deja de juzgar, hijo mío, ¿te has olvidado que yo también te amaba y que fue este amor el que te ayudó a sobrevivir? ¡Oh! Miguel... no hagas comparaciones, hijo mío. Dios puso a Benedicto en la vida de su madre como me puso a mí en tu camino, hijo. Sé justo, no seas desagradecido con quienes extendieron la mano a tus seres queridos."

- "Lo siento abuela, a veces soy egoísta y no me doy cuenta que eso hace daño a la gente. Perdóname, por favor ayúdame a cumplir esta nueva misión; me siento débil y desprotegido."

Me desperté con mujeres cantando en un idioma extraño. Abrí lentamente los ojos y me di cuenta de dónde estaba. Recordé el sueño y me di cuenta que mi pueblo no había cambiado en nada: los hombres se levantaban temprano para hacer sus tareas.

Me levanté de la cama, arreglé las sábanas, me puse unas sandalias de cuero que me había regalado el señor Ernesto al salir, fui a la cocina y olí el olor a leña quemada. Luzia ya había encendido la estufa y había puesto a cocer batatas; en cuanto me vio sonrió y me dijo:

- Me levanté para mirarte durmiendo, parecías estar soñando. Pero ¿por qué te levantaste tan temprano? Debería haber descansado un poco más, Luís. Siéntate ahí y espera y prepararé algo delicioso para comer.

Llegó un niño con una vasija de barro llena de leche y dijo:

- Mi padre llenó la olla y dijo que el tío necesita comer mucho para mantenerse fuerte, ya que está muy delgado.

Vino hacia mí, tomó la bendición y besó mi mano, las mismas costumbres de mi tiempo, también besó la mano de su abuela, era nieto de mi hermana. Ese chico amigable y sonriente me recordaba a mí mismo cuando cultivaba mis sueños junto a mi padre.

Le alisé el pelo pensando en mis hijos. ¿Cómo podía, Dios, en el mismo mundo, al mismo tiempo, existir niños cautivos, niños que no tenían derecho a soñar?

Después de nuestro café, mi hermana me invitó a ir al centro del pueblo. Toda la familia aprovecharía ese sábado para hablar conmigo y, más tarde, por la tarde, deberíamos ir al templo de nuestros orixás para recibir una bendición, escuchar sus consejos y darles las gracias.

Me senté debajo de una palmera cargada de nueces y vi a los buitres volando sobre mí; comencé a sonreír recordando mis sueños y la envidia que sentía por ellos al poder volar y cargar cosas.

Mis hermanos se sentaron cerca y toda la familia se presentó: ¡había mucha gente! Allí estaban muchos amigos de mi infancia, mayores como yo.

Me enteré que se llevaron a más personas negras de nuestra aldea. Intenté recordar los nombres, pero las imágenes se me escaparon de la mente.

Mis hermanos me contaron sobre el trabajo del sacerdote y la gran ayuda que brindó a nuestro pueblo. Todos agradecían a Dios porque el tráfico de negros estaba prohibido, aun así, de vez en cuando escuchamos noticias de negros desaparecidos sin dejar rastro.

En nuestro pueblo ningún hombre iba solo, cuando había que comprar o vender bienes, el cura siempre acompañaba a los hombres, y a través de él había muchos hombres blancos trabajando para traer de vuelta a los negros que estaban secuestrados.

En los últimos años ya se habían llevado a diez negros de nuestro pueblo, mi padre y yo fuimos los primeros en ser llevados; muchos negros de nuestra comunidad desaparecieron sin dejar rastro. Algún tiempo después se descubrió un traidor entre nuestro pueblo.

Esto me recordó los sermones del sacerdote en la capilla de la casa del Señor: "Jesús fue traicionado por uno de sus discípulos y toda comunidad, sin importar raza o color, puede tener un traidor."

En poco tiempo narré toda la trayectoria de mi vida, la separación con nuestro padre, la suerte que tuve con mi primer Siñóziño, la protección de mi abuela Joana.

La desgracia que nos pasó con la muerte del señor y la partida de la Siñá… en fin, les conté todo. Hablé de mis hijos, que eran tantos, de la reciente carta de manumisión que recibí de mi amo. Desde mi llegada allí y mi intención de regresar a Brasil dentro de seis meses.

Cuando dejé de hablar, mis hermanos lloraron en silencio. Mi hermano menor, hijo de mi madre con el señor Benedicto, dijo:

- Hermano mío, esta es tu casa, tu familia, sufriste tanto... ¿Por qué quieres volver a sufrir del cautiverio? ¿Ver a tus hijos sufrir y tú sin poder hacer nada? Quédate con nosotros, lucharemos para liberar a tus hijos del cautiverio y traerlos a nuestro pueblo. Estos señores que te trajeron aquí están preparando un gran trabajo para traer de vuelta a todos los niños de África que están esclavizados en otros países. No será fácil, pero tenemos que ayudarlos.

Un amigo mío de la infancia, al escuchar la historia de Ritiña, comentó:

- Estoy casi seguro que esta niña era hija del señor Pedro y la señora María. Ella desapareció el mismo día que tú y, por lo que dijiste sobre la chica, es ella. Es una pena que se hayan ido de esta vida, porque creo que ella era su hija.

¡Sentí una alegría tan grande dentro de mí! Si fuera cierto, lucharía con todas mis fuerzas para regresar a Brasil y llevarle a Ritiña noticias sobre su familia.

Ya era pasado el mediodía cuando Luzia pidió terminar nuestra reunión, dejando nuestra nueva reunión para otro día.

Allí, bajo esa palmera, le di un abrazo sincero al señor Benedicto, conocí toda su historia con mi madre. No solo ella, sino que todos creían que mi padre estaba muerto, el señor Benedicto hizo por mis hermanos lo mismo que mi abuela Joana había hecho por mí: los adoptó. Cuidó a mi madre y siempre respetó la memoria de mi padre.

Recién ahora me di cuenta que temblaba mucho y jadeaba cuando hablaba, recordé el pedido de mi padre: cuídalo. Me prometí a mí mismo: "Cuidaré de él como me pidió mi padre."

Luzia me preparó un baño con muchas semillas y raíces. Ella me dijo:

- Has regresado a tus raíces, eres una buena semilla de la tierra, necesitas presentarte a los orixás limpio y bien tratado.

El Sol ya se estaba hundiendo en el horizonte cuando nos dirigimos allí; entramos al enorme patio de tierra, estaba exactamente igual que cuando salí. Mis ojos vieron y mis recuerdos regresaron. Luego, con gran emoción, vi a los guías manifestarse en sus médiums de manera sencilla, clara y pura. Fui agraciado por todos ellos, quienes me ofrecieron flores, hierbas, frutas y vino, me olvidé por completo de los sufrimientos y temores del futuro.

Después de haber escuchado durante tanto tiempo francés y portugués con diferentes acentos, entendí más los idiomas extranjeros que mi propio dialecto. Tuve algunas dificultades al principio para entender todas las palabras, pero poco a poco me fui acostumbrando; en ese primer día de trabajo con los dioses, confieso que apenas entendí sus palabras. Ese día dormí temprano, estaba completamente relajado, mi cuerpo pedía cama.

Me desperté al día siguiente más tranquilo y esperanzado, empezaba a integrarme nuevamente con mi gente. Mi corazón estaba en Brasil, tenía una idea fija: ¡volver! Mientras bebía mi calabaza de leche de cabra, me dispuse a ir a misa. Todos los negros de nuestra comunidad participaban en misa los domingos, el sacerdote no prohibió nuestro culto, pero pidió a todos que estuvieran presentes en la iglesia.

Mientras recordaba al cura que celebraba misa en la capilla de la casona de mi amo brasileño, uno de los nietos de mi hermana corrió a la cocina diciendo:

- Tío, el cura te pidió que hablaras con él después de misa. Es muy importante - Asentí, agradeciendo al niño y ofreciéndole un trozo de queso de cabra, el cual aceptó riéndose. Sé que lo hizo más para complacerme, no porque tuviera hambre.

Mi hermana y yo íbamos a la iglesia uno al lado del otro, ella era todo sonrisas; fui recibido por todos con mucho cariño y respeto. Todos me saludaron, los niños me bendijeron, las niñas me miraron asombradas y los niños me trataron con mucha atención.

Durante la ceremonia cerré los ojos y traté de seguir las palabras pronunciadas por el sacerdote. Incapaz de controlar mi emoción, sentí que las lágrimas bañaban mi rostro. Los recuerdos me duelen. Le pregunté: "¿Están bien mis hijos? ¿Me perdonarán algún día por aceptar mi libertad y dejarlos en cautiverio?

Le supliqué a Dios misericordia, me sentí culpable por estar allí en libertad, dejando atrás a mis hijos y amigos. Mi deseo era regresar lo más rápido posible.

Tanto soñé con regresar a mi tierra natal y encontrarme con mi familia, ahora estaba allí, nostálgico, angustiado y ansioso... Todo había cambiado, mis sueños de infancia no eran reales. El hombre que tanto soñaba con regresar a su pasado se enfrentó a una realidad muy diferente.

En voz baja les rogué a nuestros orixás que me ayudaran, que estos seis meses pasasen rápido. Pensé en mi padre, en mi abuela Joana y, con el corazón apesadumbrado, me acordé de mi madre. Al mirar los rostros familiares, me hice una idea de sus rostros, imaginé el eco de sus voces.

El sacerdote estaba dando las bendiciones finales, yo ya había tomado una decisión: visitaría la tumba de mi madre ese mismo día, en cuanto hablara con el sacerdote; les pedía a mis hermanos que me llevaran al cementerio, quería tocar la tierra donde estaban mi madre y mi abuelo.

La gente empezó a salir saludándose y despidiéndose, algunos miembros de la comunidad se fueron agrupando en un rincón; me invitaron a estar entre ellos. Me sentí algo reconfortado porque mis hermanos estaban allí.

El cura cerró la puerta principal de la capilla, solo entonces pasamos a la trastienda de la iglesia. Pronto llegó el sacerdote sin la sotana negra, vestido como un hombre común y corriente y, sentado entre nosotros, comenzó a hablar:

- Luís, eres un activo muy valioso para nuestra organización. Puedes ayudarnos mucho, necesitamos toda la información posible que puedas facilitarnos.

Aunque sabemos que estuviste cautivo en Brasil, también sabemos que conoces bien la cultura y los procedimientos de las personas que cuidan esa tierra.

Nunca imaginé que, sobre esa mesita, tan lejos del cautiverio, habría una cadena de manos tan fuerte que luego romperían todas las cadenas del cautiverio brasileño.

Cuando salimos de allí ya era tarde, confieso que hasta me olvidé del cementerio. Mi esperanza ahora reinaba en los pensamientos de liberación creados entre Francia y Portugal, que involucraban a algunos hijos de extranjeros ya nacidos en Brasil, jóvenes que luchaban por una patria libre, por la formación de un nuevo país. Según me dijeron, la idea no era desarraigar a la gente de Brasil, sino liberarla.

Me comprometí con el movimiento, lucharía junto a ellos y, en cuanto pudiera regresar a Brasil, llevaría a cabo un proyecto de esperanza. Comenzaría a preparar a nuestra gente para que aprenda a vivir fuera del cautiverio. Como dije antes, los negros que recibieron la libertad morían más rápido, no tenían forma de sobrevivir solo con la libertad. Algunos amos maliciosos ya estaban utilizando este método como estrategia, liberando a un negro que no era psicológicamente capaz de sobrevivir y asustando a otros negros, diciéndoles: "No puedes ser libre ahí fuera, nosotros te protegemos. Mientras estés cautivos tendrás hogar, comida y ningún otro amo te tocará."

El sacerdote mantuvo contacto con todos los miembros de la organización, sin despertar sospechas en los países que defendían el mantenimiento de la esclavitud.

Dos días después de mi primer encuentro con la organización, el sacerdote me llamó y me dijo que el terreno donde se plantaron las primeras palmeras ahora era mío. El señor le dejó lo suficiente para que adquiriera buenas tierras, una vaca lechera, una cabra, un cerdo y algunas gallinas; debería empezar a cuidar mi tierra y mis animales. Había una casa allí, no era grande, pero era suficiente para albergarme dignamente.

Frente a tres testigos me entregaron un papel confirmando que esas tierras me pertenecían. Todavía no creía que pudiera ser real. ¡Tenía casa, animales y terreno para plantar! ¡Sería mi propio amo!

Estando a solas conmigo, el sacerdote me habló en voz baja:

- Luís, pasado mañana viajo, voy a encontrarme con un grupo de jóvenes que forman parte de nuestro movimiento. Este grupo está dirigido por el Sr. Silvério, ese amigo que encontró a tu familia y te ayudó a llegar hasta aquí. Con la información que me brindaste, estoy seguro que logrará muchas cosas allá en Brasil. Esta vez no voy con ellos, pero ¿quién sabe cuando regreses a Brasil, dentro de seis meses, pueda abordar contigo. Traeré noticias de Francia.

¿Qué mensaje quieres enviar a tus amigos en Francia? ¿Y qué mensaje quieres enviar a Brasil? Creo que Silvério, en contacto con los miembros brasileños, llevará tu mensaje a tu gente, o incluso un pequeño trozo tuyo demostrando que estás a salvo y que la información es verdadera.

Temblé de emoción.

- Padre, ¿realmente puedo enviar algo a Brasil?

- Sí, estoy seguro que Silvério se encargará personalmente de llevarlo a destino. Él te quiere mucho.

- Voy a enviar esta vieja pulsera de cuero que siempre usé; Tiene un dibujo hecho, lo hice yo mismo. Ritiña conoce muy bien esta pulsera, lo creerá y transmitirá noticias sobre mí a los demás.

Le pregunté al cura si era posible pedirle al joven que hablara sobre la posibilidad que Ritiña fuera hija de nuestros vecinos. Investigaría el asunto más a fondo, no estábamos seguros todavía, pero existía la posibilidad que pudiera ser ella.

El sacerdote anotó todo lo que dije en un papel y me dijo que se lo entregaría al chico blanco de Portugal, con todas mis recomendaciones.

Envié un mensaje de agradecimiento a mis amos y una petición a mi Siñá Lucien: que no regrese a Brasil sin mí.

Agregué que estaba muy feliz, pero quería volver con mis hijos y amigos.

Me despedí del sacerdote deseándole un buen viaje. Me recomendó:

- Ve a cuidar tu nuevo hogar, los animales necesitan cuidados, apenas regrese nos reuniremos para informar a todos sobre el avance de nuestros proyectos.

Salí con los ojos llenos de lágrimas. Solo pensar que alguien llevaría noticias mías a mis hijos y amigos me alegraba el alma.

En el camino me encontré con mi hermano menor y le pregunté si podíamos ir al cementerio, ya que me gustaría tocar la tumba de nuestra madre. Emocionado, respondió asintiendo afirmativamente con la cabeza.

Llegamos y pedimos permiso antes de entrar; aprendimos de nuestros maestros que cada casa y cada punto de la naturaleza tiene sus dueños. Observé los árboles frondosos y floridos que decoraban el campo santo.

Junto a la tumba de mi madre había una palmera. Miré hacia arriba, estaba cargado de fruta. Mi hermano comentó:

- Nuestra madre siempre pedía que tuviera una palmera en su tumba, para estar conectada contigo. Porque fuiste el descubridor de la palmera que hoy es nuestra riqueza aquí.

Me arrodillé y lloré como un niño; el llanto, contenido durante tanto tiempo, cesó y salió la voz:

- ¡Madre mía, ya estoy aquí, estoy en casa! Cuántas cosas me gustaría contarte, pero veo que ya es demasiado tarde. Estés donde estés, escúchame: tu chico sigue triste, te echa de menos.

Visité las tumbas de todos los miembros de la familia, mi hermano me señaló cada tumba y pronunció los nombres de los muertos. Interesante como guardamos tantos recuerdos que, cuando son necesarios, regresan como si fueran fotografías almacenadas en nuestra memoria, fui recordando cada uno, personas que había olvidado; de repente, los recuerdos de sus caras vinieron claramente dentro de mí.

Terminamos de visitar todas las tumbas y aproveché la oportunidad e invité a mi hermano a acompañarme a mi nuevo hogar. Pasamos por nuestro pueblo, los demás hermanos y sobrinos nos acompañaron hasta allí, fue hermoso.

Las viejas palmeras se balanceaban, todas estaban cargadas de frutos. Los animales se movían libremente de un lado a otro. La casa encalada y revestida con tejas de barro era para mí un auténtico lujo.

Mis hermanos me abrazaron, se emocionaron y dijeron al mismo tiempo:

- Te lo mereces, Luís. De todos nosotros, el que más justicia le hace a esta casa y a esta tierra eres tú.

¡Entré a la casa y quedé asombrado! Estaba completamente amueblada y muy limpia.

- Ven aquí, Luís, mira este mortero de aquí - miré y no entendí nada -. Este mortero se hizo con ese tronco de madera que dejó nuestro padre cuando tú te fuiste. Este pilón se hizo porque nuestros guías nos dijeron que algún día sería de utilidad para todos nosotros; lo mantenemos esperando por ti y por nuestro padre.

Abracé el mortero y lloré. Nadie sabe más que yo lo que pasó frente a ese tronco. Poco a poco comencé a reconocer pertenencias de mi madre, mi abuelo y mi padre.

Mis sobrinas, dos niñas lindas - una de ellas me recordaba a mi madre -, de dientes fuertes, blancos y bien formados, muy sonrientes, me tiraban de la mano, diciendo:

- Ven, tío Luís. Hoy es un día de alegría, no de tristeza. ¡Ven a ver lo que tenemos preparado para ti!

Sobre la mesa se vivió un verdadero festín: tarta, todo lo que puedas comer dulces y snacks salados, zumos, aguardiente y licores variados. Realmente fue un gran día para todos nosotros.

Mientras las mujeres reían y hablaban entre ellas, los hombres también discutían nuevos planes. Mis hermanos discutieron el plan del sacerdote, que no era sacar a nuestros hijos de su patria, sino liberarlos.

Mis hijos brasileños y cautivos difícilmente podrían haber sabido que tanta gente en el otro lado del mundo estaba estudiando una manera de liberarlos del cautiverio.

Escuchando a cada uno de ellos pude darme cuenta de lo egoísta que había sido toda mi vida al pensar solo en mi dolor, en mis pérdidas. Nunca imaginé su lucha y sufrimiento al sentirse impotentes ante el mundo.

La verdad es que mi familia sufrió el dolor de la separación tanto como yo. Nuestro secuestro se ha transmitido de padres a hijos durante todo este tiempo; lloraron y sufrieron con nuestra ausencia.

Ya era de noche y vinieron a despedirse de mí. Abracé a cada uno de mis hermanos con verdadero sentimiento, les pedí disculpas y me prometí que haría todo lo posible para comprender la voluntad de Dios para nosotros.

Esa noche, solo en mi nueva casa, recostado en mi colchón de carrizo, escuché cantar a los grillos y a las lechuzas; mis pensamientos se dirigieron a Brasil.

Nunca imaginé que lo extrañaría tanto; cuánto, Dios, extrañaba a mis hijos y a mis amigos que se convirtieron en mi familia.

No podía conciliar el sueño, me levanté, tomé un vaso de agua, quité el cerrojo de la ventana y me incliné sobre ella. Observaba las estrellas que cruzaban el cielo, soñaba despierto:

- "Un día haré como estas estrellas... ¡cruzar el cielo! ¡Voy a cruzar el mar! No sé hasta dónde llegan, pero sé a dónde quiero llegar: a Brasil..."

Mientras volaba con mis pensamientos, una luciérnaga se acercó a mí. Recordé las palabras del abuelo Juan de Angola: "No sueñes con las estrellas en el cielo, fíjate en las luciérnagas que están a tu lado en la Tierra." Tomé la luciérnaga en mi mano y le di gracias a Dios, sabía que todo lo que me estaba pasando tenía un gran propósito divino.

No sé cuánto tiempo estuve allí asomado a la ventana; el silencio de la noche trae muchas respuestas a las preguntas que nos hacemos con nuestra conciencia. Medité mucho, no sé qué sería de mí de ahora en adelante, porque incluso dentro de mi verdadera familia me sentía solo. Tuve libertad y una gran soledad:

"Dios, el hombre nunca está realmente satisfecho con lo que tiene" - me dije.

Mirando hacia el infinito sin encontrar el camino que buscaba, decidí que me comprometería a cuidar esa tierra, haría lo mejor que pudiera, plantaría de todo, incluso muchas flores y hierbas alrededor de mi casa. Dejaría de contar los días, dejaría mi destino de ahora en adelante en manos de Dios y de nuestros Orixás. Cerré la ventana, me acosté, cerré los ojos y dormí. Me desperté al otro día con mi sobrina llamándome a la puerta, trayendo cuscús de maíz, leche de cabra y gelatina de yuca. Sonriendo, me preparó la mesa:

- Te la traje, tío Luís, para que comas de todo. La gente se pelea para hacerte el almuerzo - dijo riendo -. No tienes que preocuparte por preparar la comida, nosotros lo hacemos con mucho gusto. Hoy es el primer día que abriste la puerta de tu casa para darle los buenos días a alguien; en este día que ha amanecido para todos nosotros, comienza una nueva historia en tu vida. Espero sinceramente, tío mío, que puedas encontrar un poco de paz aquí entre nosotros. Todos te queremos mucho, crecimos escuchando tu nombre y aprendimos a respetarte como te mereces. Tengo el privilegio de ser la primera persona que llama a tu puerta y ella se abre a mí. Cuenta conmigo para cualquier cosa que necesites.

Me conmovió tanta demostración de cariño y amor que recibí de quienes siempre han estado unidos a mí por la cadena del amor verdadero. Abracé a mi sobrina y la besé en la frente.

- Muchas gracias hija mía, no te imaginas lo feliz que me siento al poder escuchar todo esto de ti. ¡Pero ahora siéntate y hazme compañía! Todo huele tan bien, y después de todo ese tengo, un hambre terrible.

Así era en el almuerzo, en la tarde y en la noche, todos los días. Por mucho que les pedía que no se preocuparan por mí, mis sobrinas, cuñadas y demás familiares me traían golosinas diferentes cada día.

CAPÍTULO XVIII
LA ESPERA

Me dediqué a trabajar de sol a sol y, en una semana, ya había limpiado y sembrado muchas cosas. Había Luna llena, mis hermanas me trajeron huevos y gallinas para incubar. Todos los días me traían algo nuevo. Había semillas de esto y de aquello, sembré maíz, yuca, camote, ñame. Las plantas ya empezaban a brotar; la fina lluvia que caía del cielo parecía haber sido ordenada para tal fin.

Así pasaron los días y me angustió la llegada del sacerdote con la noticia.

Una tarde estaba atando una cerca cuando vi de lejos al sacerdote, con su sotana negra. Corrí, me lavé las manos, mi corazón se aceleró; mi ansiedad era tanta que no esperé a que llegara el sacerdote, corrí a su encuentro ofreciéndole las manos.

El cura se sentó en el pequeño porche de mi casa, le ofrecí un jarro de agua. Respiró hondo y dijo:

- Esta subida hasta aquí nos mata - mi casa estaba muy arriba, tenía una hermosa vista y estaba bien ubicada.

- Luís - dijo el sacerdote -, gracias a Dios, todo salió bien. Lo que tengo que decirte seguro que te agradará. Creo que en estos tres días nuestro pueblo estará desembarcando en Brasil. Silvério tomó tu carta y tu pulsera, y lleva la recomendación de entregársela solo a Ritiña, tu amiga. ¡Desde Francia te traigo una noticia! Leeré lo que está escrito en esta misiva, ¿puedo?

- Por favor, padre, lea, lea.

- *"Hola Miguel, ¿cómo estás? ¿Cómo te sientes entre los tuyos? Bueno, me lo puedo imaginar... lo tomo para mí, es simplemente felicidad, ¿no?*

A pesar de todo eso extraño a todos los que dejé en Brasil, soy la persona más feliz del mundo, disfruto cada minuto de mi vida con mis seres queridos, mis padres, esposo y hermano.

¡Miguel, voy a ser madre! Estamos ante un gran dilema: nos preocupa el viaje de regreso y los peligros que podría correr en un barco. Por otro lado, ¿cuánto tiempo debemos esperar para poder viajar con el bebé?

Bueno, ya hemos hablado de otra posibilidad: mi marido regresa a Brasil a la hora acordada y yo me quedo con mis padres. Pero no te preocupes, si realmente quieres regresar a Brasil, mi marido te llevará.

Te extraño mucho, me alegró saber que estás muy bien, cuídate mucho. ¡Oh! Mi tía - su ex esposa - se conmovió hasta las lágrimas al conocer toda la historia de mi vida. Mi padre reconoció sus errores y le dijo que me salvaste la vida. Ella también tiene hijos gemelos, hoy niña y niño, te envía su cariño y se alegró de saber que regresaste a casa."

Mientras el sacerdote leía la carta, las lágrimas rodaban por mi rostro, el recuerdo de mi antigua amante, ¡tan hermosa y tan generosa! Me pareció ver el rostro de mi señor, su esposo, ese hombre era un verdadero ángel de Dios.

¡Entonces mi niña iba a ser madre! Ella, que nació en mis manos... la niña que dormía abrazada a mi cuello... ¡mi muñeca de porcelana iba a tener un hijo! Desearía poder ayudarla. Ella me llamó Miguel, yo era Miguel, sí, Luís Fernando fue el niño que murió dentro de mí.

Después de hablar unos minutos con el sacerdote sobre su viaje, se levantó y admiró mi trabajo.

- Luís, ¿en tan poco tiempo hiciste todo esto?

- Sí, padre, quiero hacer mucho más - me detuve frente al sacerdote -. Necesito hacerte una confesión, padre: me siento tan extraño cuando escucho que alguien me llama Luís.

- ¡Pero tu nombre es Luís! - Dijo el sacerdote -. Sé que pasaste toda tu vida escuchando que te llamaban Miguel. Pero mira con atención: es muy importante que asumas tu verdadera identidad. Debes reencontrarte contigo mismo, dejando atrás al cautivo Miguel para descubrir al verdadero Luís Fernando en libertad.

El sacerdote se fue contándome sobre la reunión de la tarde siguiente con todos los hombres involucrados en el movimiento de liberación.

Por las noches mantenía la carta entre mis dedos, envidiaba a los nobles que sabían leer y escribir; qué hermoso era ver a personas con un bolígrafo dibujando formas y líneas y a otros leyendo y entendiendo lo dibujado. Realmente debería ser cosa de Dios aprender a leer y escribir.

Algo me decía que no regresaría a Brasil dentro de seis meses; las cosas estaban cambiando de dirección. Un sentimiento de miedo se apoderó de mi corazón: "¿Se acordará de mí?"

Y así, trabajando, intercambiando ideas, aprendiendo y enseñando a mi gente, fueron pasando los días. El sacerdote recibió una llamada para presentarse en Francia. Estábamos emocionados, tal vez fue una noticia traída desde Brasil por el Sr. Silvério. Mientras tanto, ya habían pasado cuatro meses. El sacerdote se fue, llevándose una carta mía que él mismo escribió: mis plantaciones eran hermosas y exuberantes, mi jardín estaba lleno de gallinas y polluelos, todos los huevos eclosionaban, era lindo ver la cría alrededor de la madre.

Me comprometí a trabajar, mis hermanos me llamaron la atención diciendo que ahora yo era Luís y no Miguel, el esclavo. ¿Por qué trabajar tan duro así?

Era la manera de calmarme, así no contaría los días que pasaban tan lentamente. El sacerdote llevaba un mes de viaje y no había regresado con noticias de Francia ni de Brasil. Ya estaba planeando dejar mi casa y toda la plantación para que mis hermanos cosecharan, por lo que pronto debería estar preparándome para viajar.

Menos mal que cuidé bien el abrigo y el sombrero nuevos que había recibido. En ese caso estaba despreocupado, podía afrontar muy bien el frío.

El tiempo pasó, los días pasaron y no volvió nada del sacerdote. Mi finca con toda la mazorca de maíz, frijoles listos para cosechar, papas, ñame que ya se podían consumir. Los polluelos ahora son capones - pollos castrados - y gallinas que llenan los corrales de huevos.

En mis cálculos ya habían pasado seis meses, no teníamos noticias del sacerdote, el miedo comenzó a apoderarse de los hombres, quienes consultaron a los guías esperando respuestas a nuestras inquietudes.

Un mentor espiritual vino a vernos y nos advirtió: "Sed cautelosos y estarás a salvo. No abandones tu aldea para buscar lo que no te pueden dar en este momento. Espera pacientemente a que regrese el hombre de la falda, volverá, las cosas no siempre salen como planeamos."

No pude soportar más la ansiedad, aunque sabía que podía recibir una respuesta correctiva, me arriesgué y pregunté:

- Señor, por favor, solo respóndame una cosa con toda sinceridad: ¿crees que todavía regresaré a Brasil?

El hermano me miró con mirada de reproche y respondió:

- ¿Has oído alguna vez que quien hace una canasta hace cien? Ya has ido de aquí para allá y de allá para acá, no veo ningún impedimento para que tomes el mismo camino de regreso.

¡Deja de contar con los dedos, deja de exigirle al tiempo una respuesta que él no te puede dar! En todas partes de este mundo todos los niños crecen y se convierten en hombres, a ti; sin embargo, te cuesta querer sentirte como un niño que dejaste de ser hace mucho tiempo. En lugar de contar los días que pasan, empieza a decirte qué bien puedes hacer aun por ti y por los demás. ¡Deja de ser egoísta! ¡Deja de hacerte la víctima!

Haz felices a otras personas y tú mismo saborearás esa felicidad.

Bajé la cabeza, avergonzado.

El tiempo corría lento, en la angustia que estaba, hui de todo y de todos, comencé a perder la fe y la esperanza en Dios. Ya ni siquiera soñé, soñé, oré y pedí a los orixás que al menos me mostraran en sueños a mis seres queridos, llamé a mi querida abuela Joana y nada, todos me olvidaron; en realidad estaba muy triste. ¡Ya no tenía ganas de comer ni de hacer nada más! Me dejé crecer la barba y el pelo rizado, me miré en las aguas del río y vi la imagen de un anciano enloquecido por los recuerdos de una vida prestada:

- Miguel, allí en ese cuerpo estaban los restos de Miguel. Empecé a beber aguardiente todos los días por la noche. Necesitaba dormir y olvidar que estaba vivo; mientras tragaba el aguardiente, deseé no volver a despertar nunca más. ¡Qué bonito sería dormir y no volver a abrir los ojos ni recordar nada más! Temía el suicidio porque conocía las leyes de los espíritus. Las veces que se me pasó por la cabeza suicidarme, inmediatamente sonaron firmes en mí las palabras de mi abuela Joana: "La vida es de Dios."

Esperaría lentamente mi muerte natural - no sabía que las personas que beben alcohol u otras drogas, con cualquier propósito, también se suicidan; yo estaba tratando de suicidarme con el aguardiente.

Mis hermanos hicieron todo por mí, mi hermana mayor lloró e hizo todo lo que las entidades les enseñaron; pobrecita, pensé, ya ni ellos me molestaban, algunas veces cuando me llevaban al templo me sentaba esperando que alguno de ellos viniera a consolarme, para mi decepción simplemente me bendecían - como en una bendición el persona bendita no recibió todo, ¡me sentí agraviado!

Me recosté en el banco de mi porche y reflexioné: mi vida ya no valía nada, era feliz como un esclavo, en el sufrimiento siempre encontraba la manera de ser feliz; Ahora era libre, lo tenía todo, pero me faltaba lo más importante: ganas de vivir.

A pesar de todo el desaliento que afligía mi alma, el deber de trabajar estaba dentro de mí; junto con mis hermanos, me ocupaba de todas mis obligaciones. La yuca estaba lista para ser trabajada, pensábamos sacar toda la yuca de una vez, trabajando día y noche, pero hacer toda la harina. Estas ocasiones eran una celebración, invitamos a nuestros vecinos más cercanos a participar con nosotros y al final todos trajeron harina y otros productos de yuca.

Era un miércoles. Antes que los primeros rayos de sol aparecieran en el cielo, todos los hombres ya estaban en la plantación de yuca. Las mujeres preparaban la comida para los hombres y pronto todos estarían ocupados, raspando ese tubérculo, cantando y jugando alegremente. El Sol cruzó del otro lado del cielo cuando terminamos de arrancar toda la yuca, ahora tocaba bañarse e ir a comer.

Por la tarde, el molino harinero estaba lleno de hombres, mujeres y niños, todos cantaban y jugaban. Me presentaron a nuestros vecinos que aun no conocía.

Entre ellos estaba Dalva, una hermosa niña que se parecía exactamente a Ritiña. Inexplicablemente, mis ojos nunca la abandonaron.

Ella me miró y sonrió, me avergonzaba de mi apariencia; debí haberme visto terrible con esa barba y ese pelo lleno, pensé.

Creo que dejé saber a los demás mi interés por Dalva, mientras mi hermano menor me susurraba discretamente al oído:

- No tiene novio, es superdotada e hija de buena gente. Por la noche jugaremos por aquí en la casa de harina. ¿Qué tal si vas a casa, te duchas, te afeitas e invitas a Dalva a sentarse a tu lado? - Me sonrojé de vergüenza cuando descubrí que los demás habían notado mi interés en ella.

Pero, por la noche, corrí a casa y eso es exactamente lo que hice: me corté el pelo con mucho cuidado, me afeité la barba con mi navaja, un regalo que recibí de mi amo.

Me puse una camisa nueva y bajé las escaleras.

Cuando entré al molino harinero, hubo un grito de alegría de todos los presentes:

- ¡Luís! ¡Qué bien! Así queríamos verte - añadió mi hermana pequeña.

Cuando llegó Dalva noté que me estaba buscando y se quedó unos minutos mirándome, sus ojos brillaban, nunca había visto una chica más linda que esa, pensé.

En mitad de la noche, Dalva y yo estábamos sentados bajo una palmera hablando como si nos conociéramos desde hacía mucho tiempo. Tuve la impresión que simplemente estaba lejos de ella, nuestros ojos decían lo que sentíamos. En tan solo un encuentro descubrí en Dalva lo que nunca había conocido en toda mi vida: el verdadero amor de una mujer.

Dalva me dio una nueva esperanza en la vida, a pesar de nuestra diferencia de edad, que era enorme. Teníamos los mismos gustos, aprendí a sonreír y jugar junto a ella. Me sentí un hombre nuevo, me dije: "Soy Luís, el niño que creció y encontró su vida: Dalva."

Al prepararnos para el matrimonio según nuestras costumbres, pudimos conocernos espiritual y físicamente. De la mano de Dalva, poco a poco fui abriendo mi corazón, mientras hablaba de todos los pasajes de mi vida, otra persona parecía surgir dentro de mí. Allí murió Miguel delante de Dalva, quien llamó a Luís; y quería su amor y su compañía más que nunca, ella era mi vida misma.

Poco a poco comencé a borrar a Miguel de mi vida, asumí por completo a Luís Fernando, el hombre que se preparaba para ser el marido de Dalva.

Nuestra boda estaba programada para la primera Luna llena de marzo. La alegría se apoderó de nuestra comunidad, nuestra boda sería celebrada por el padre Benedicto, un ex sacerdote de nuestro pueblo. Ahora vino como espíritu, incorporó a mi padrastro, tuvo mucha sabiduría, nos casó, nos bautizó, aconsejó a la comunidad que permanecieran en paz.

Llegó el gran día y estaba más que feliz. Confieso que ya no pensaba en regresar a Brasil, y las personas que dejaba atrás me parecían figuras de un sueño que había despertado, como Luís que retomaba su vida con Dalva.

Estaba mirando los últimos detalles de la casa, quería recibir a mi esposa como una verdadera diosa. Me informaron que el patio estaba decorado con flores, hierbas y cintas de colores. Para celebrar la fiesta de bodas nos prepararon muchos aves, cerdos, dulces, bocadillos salados y mucho vino de jabotá y aguardiente con miel.

Me sentí joven... La belleza y la juventud de Dalva me dieron mucha fuerza, estaba eufórico y ansioso por que llegara pronto la ceremonia. Según nuestras costumbres, la novia, un día antes de la boda, entraba al terreiro donde sería preparada y presentada a la entidad de fertilidad - Iemanjá. De cada orixá recibió un consejo, un regalo, una instrucción. La novia durmió en el altar de los orixás; temprano al día siguiente fue bañada por otras mujeres de la comunidad con hierbas sagradas y solo comió lo autorizado por los orixás.

Dos horas antes de la boda recibió otro baño, con esencias de las flores recomendadas por los guías. Se vistió con los colores de sus orixás y esperó a ser llamada por el sacerdote.

El novio, a su vez, debería dormir - no en la cama de los novios - solo en la casa donde vivirían los novios. A medianoche conviene abrir las ventanas para que el viento penetre por toda la casa.

A las seis de la mañana - con los primeros rayos del sol -, el novio deberá bañarse con las esencias de hierbas que indican los orixás. Debe comprobar que todo esté en orden: en casa debe haber muchas frutas, verduras, legumbres, hortalizas y patatas. La cama debe estar lista, con sábanas nuevas, la mesa con un mantel nuevo y la estufa debe tener brasas encendidas.

Una hora antes de la boda, el novio era bañado con agua perfumada y luego vestido por los padrinos, que siempre eran los hombres más viejos de la comunidad, normalmente éramos siete padrinos y la novia, siete damas de honor.

Los padrinos acompañaron al novio hasta el patio, cada uno tomó una rama de laurel y la colocó a los pies del sacerdote. La novia fue traída por sus damas de honor, estaba completamente cubierta, no mostraba su rostro; cada mujer trajo un ramo de azucenas blancas y lo unió con las ramas de laurel a los pies del sacerdote.

Después de escuchar todos los consejos del sacerdote, se le preguntaba a la novia si todavía quería casarse, y si la respuesta era afirmativa, entonces el padre de la novia o su hermano mayor descubrían su rostro. Todos aplaudieron, los novios se quedaron frente a frente, con cierta distancia entre ellos.

Las palabras del sacerdote fueron hermosas y tuvieron un impacto duradero en la vida de la pareja y de sus asistentes. Al finalizar la ceremonia, el novio besó a la novia en la frente, cuando los anillos fueron rayados en el suelo por el sacerdote - rayó dos círculos unidos entre sí, colocó a los novios en este círculo y consagró la unión de cuerpos y espíritus.

El matrimonio de nuestras antiguas costumbres fue muy hermoso, sincero y seguro. Hoy todo es muy bonito, pero ya no se respeta la determinación de tomarse en serio el juramento.

Una vez finalizada la ceremonia, todos deberán disfrutar de la fiesta, comer, bailar, jugar y hacer planes. Sobre las once de la noche, el novio deberá ser acompañado por sus padrinos y familiares para comprobar que todo estaba en orden en su nuevo hogar.

Los padrinos de boda dejaban al novio esperando a la novia en la puerta de casa y regresaban para acompañar a la novia. Toda la comunidad se juntó cuando entregaron a la novia y se fueron inmediatamente, bromeando y gritando buenos deseos a la pareja.

Mientras mis padrinos me ayudaban a vestirme, pensé en lo hermosa que debía verse Dalva. Fuimos al patio y empezó todo el proceso que yo ya conocía; poco después, me encontré frente a la mujer más hermosa que mis ojos habían visto jamás.

Estábamos bailando en medio del patio al aire libre, cuando alguien llamó mi atención. Vi que se acercaba un carruaje, los tambores se detuvieron, esperamos a ver quién era. El sacerdote, a quien reconocí por su sotana negra, saltó del carruaje; estaba delgado y pálido, parecía envejecido.

Corrimos hacia él, las lágrimas brotaban de sus ojos profundos, me abrazó y me dijo:

- Han pasado tantas cosas... Veo que hoy es un gran día para ti, recibe mi bendición en el nombre de Dios, no te preocupes, tendremos mucho tiempo para hablar.

Perdí la voz, mi pasado volvió precisamente el día en que nací en otra vida. No pude contenerme y le pregunté:

- ¿Por qué tardaste tanto en regresar?

Él, con la cabeza gacha, me respondió:

- Cosas de Dios, que tenemos que aceptar. Está bien, no dejes que mi regreso se interponga en tu alegría, hiciste un gran trabajo al casarte, tus orixás te aman porque aman a Dios tanto como te aman a ti. Tendremos tiempo para hablar con mucha calma; El señor Silvério no regresó de Brasil, no tengo noticias de allí, muchas cosas han cambiado en nuestros proyectos, hay que esperar a que las cosas se calmen, la entrada y salida a Brasil están cerradas, no ha habido nada nuevo.

Dalva se acercó a mí, estaba tensa. Abracé a mi esposa y le dije:

- No te preocupes, todo está bien.

- Tenía miedo que hubiera venido a buscarte para llevarlo a Brasil - me dijo.

- No, Dalva, acaba de regresar a nuestra comunidad después de un año y medio de ausencia. Y presta atención – dije mirándola a los ojos – sin ti ni siquiera acompañaría a un ángel al cielo, porque mi vida sin ti, en el mejor lugar que Dios ha creado, no tendría sentido alguno. Te amo Dalva. Imagina que mi amor por ti es así: sumando todo el amor que sentí por las personas que amé y sigo amando, ustedes son todos ellos. Después que te conocí, no puedo amar a nadie más sin que tú estés allí. Si ya amaba a esas personas de las que te hablé, hoy las amo mucho más porque tengo en ti la fuerza del amor verdadero.

Dalva me abrazó y se acercó a mí.

- Yo también te amo de la misma manera. Amo a todos los que amas, porque estoy en ti de la misma manera que tú estás en mí.

Estuvimos una semana de luna de miel, éramos como dos niños jugando, uno corriendo detrás del otro y al poco tiempo nos pusimos serios e hicimos planes y más planes.

El domingo invité a mi esposa a asistir a la misa dominical. Ella estaba un poco indecisa, pero finalmente me dijo:

- Confío en ti, si me dices que está bien, iré.

Cuando llegamos fuimos recibidos por toda la comunidad, sonriendo y con mucha sinceridad todos nos desearon felicidad. Sentí mucha tristeza en la voz del sacerdote, en sus oraciones se dirigía a Dios como un niño frágil. Sentí pena por él y me pregunté si estaría enfermo. ¿Podría ser esa la razón por la que estuvo ausente tanto tiempo?

Bueno, fuese lo que fuese, yo ya había elegido mi camino, nada más me interesaba Brasil o Francia, ahora era Luís Fernando, el marido de Dalva, y si un día me había visto obligado a ser Miguel, estaba muerto y enterrado dentro de mí.

Terminada la ceremonia, mientras las mujeres hablaban de nuevas recetas de dulces, snacks salados, costura, etc., los hombres se reunieron en un rincón; el sacerdote nos invitó a una reunión inmediatamente después del almuerzo, a lo que todos estuvieron de acuerdo. El cura me miró y dijo:

- Luís, por favor ven. Es muy importante, necesito decírtelo.

Nos despedimos diciendo "hasta luego." En el camino Dalva me dijo:

- Luís, como todos los demás hombres que cuidan de nuestra comunidad, debes ir a esta reunión, pero por favor no recaigas. Quizás el sacerdote te diga cosas que te entristecerán; trata de recordarnos a los dos; lo que queda atrás no puede afectar nuestras vidas.

Abrazando a mi esposa le respondí:

- Lo prometo y lo recuerdo nuevamente: nada es más importante en mi vida que tú, así que no te preocupes.

El Sol ya colgaba dos pies hacia el sur - al menos las dos de la tarde -, cuando bajamos para encontrarnos con los otros hombres. Dejé a Dalva en casa de mi hermana junto con las otras mujeres y nos dirigimos al cuarto que estaba al fondo de la iglesia.

Nos sentamos alrededor de la mesa rústica de madera de umbaúba negra y, mientras esperábamos al sacerdote, observé los detalles de la mesa y del ambiente mismo.

Estuve allí más por obligación que por voluntad propia.

Llegó el cura, se sentó a la cabecera de la mesa, abrió una carpeta y nos mostró varios papeles. Lo miramos en silencio, luego nos dijo:

- Disculpen, se los leeré:

- "Una organización vinculada a la corona de Portugal descubrió nuestra organización y todos los involucrados están siendo investigados. Arrestaron al señor Silvério y a otros 21 miembros de nuestra organización."

Y el cura nos dijo que mis amos franceses estaban siendo vigilados; el Siñóziño fue llevado de regreso a Brasil bajo custodia de la corona de Portugal, por eso no vino a buscarme.

La Siñá Lucien permaneció en Francia con su hijo; estaba enferma, todos pensaban que se había vuelto loca, pues pasaba las noches de un lado a otro y no se preocupaba por su hijo. De vez en cuando se acercaba a la ventana y gritaba pidiendo ayuda a Miguel, diciendo que solo Miguel podía salvarla.

Nos dijo que se había mantenido alejado todo ese tiempo para no despertar sospechas entre su propio clero. Con lágrimas brotando de sus ojos cansados, nos dijo:

- Los amo, daría mi vida por salvar a cada uno de ustedes.

Mirándome sollozando, repitió:

- Daría cualquier cosa, Luís, por liberar a tus hijos y devolver a personas como tú y Ritiña a sus familias.

Después de mucha discusión sobre los riesgos que corríamos y las precauciones que debíamos tomar de ahora en adelante, el sacerdote nos prometió que en tres meses intentaría tener noticias de lo que estaba pasando con nuestros hermanos combatientes.

Salí de allí triste y pensativo. ¡Si había una persona que no merecía ser detenida era el Sr. Silvério! ¡Dios mío, un joven noble, con toda la vida por delante, encarcelado como un criminal... tratando de salvarnos, tratando de liberar a nuestros hijos del cautiverio! No, no sería justo que los orixás permitieran tal ingratitud.

Mientras me dirigía hacia Dalva, recordé la energía de ese joven apuesto que me trataba como si fuera blanco. Recordé que fue el primer hombre blanco que me abrazó con lágrimas en los ojos y me llamó hermano.

En ese momento comprendí que, aunque amaba a Dalva como a Dios, daría mi vida por salvar a ese hombre, porque él era cada uno de nosotros. Él me había dado vida y esperanza; si pudiera pagarle, lo haría con buen gusto, sin importarme que me cueste la vida.

Dalva me preguntó nada más verme:

- Luís Fernando, ¿cómo estás?

Cuando estaba preocupada o hablaba en serio conmigo, me llamaba Luís Fernando, entonces yo respondía:

- Sí, Dalva, todo está bien.

Esa noche, mientras Dalva dormía, me levanté, abrí la ventana de la sala, me incliné y miré las estrellas que cruzaban el cielo.

Recordé la carita de Lucien sonriéndome con tanta inocencia. Los ojos azules del color del cielo que tanto me conmovieron. Ahora estaba enferma y me llamaba. Dios mío, ¿qué hacer? Aunque dije que Miguel había muerto, yo no era un monstruo y la nostalgia me dolía el alma. ¡Oh! Señor de todos los orixás, vela por ella.

¡Oh! Orixás de los pequeños, vela por ella y por todos nosotros.

Los recuerdos de Ritiña, Nalva y mis hijos corriendo de un lugar a otro vinieron a mí como para cargarme con la buena vida que estaba teniendo mientras ellos permanecían cautivos. ¡Dios! ¿Cómo están mis hijos? ¡Oh! Creador del universo, cuídalos, perdóname, Señor.

Estuve asomado a la ventana llorando y hablando con Dios durante mucho tiempo. Volví a la cama con miedo que Dalva me extrañara y despertara. Acostado a su lado, mis sentimientos eran encontrados, la amaba más que a nada en mi vida, pero el pasado me afectó demasiado, no podía olvidar a mis hijos - un niño es una gota de sangre que gotea de nuestro corazón y crece en otro cuerpo, no lo puedes olvidar. En silencio lloré, me pareció ver nuevamente cada una de sus sonrisas.

Recordé sus nacimientos, a pesar que estaban cautivos, cada uno que recibí en mis manos lloré de emoción; no hay sentimiento más grande que la emoción de un padre tocando a su hijo por primera vez.

Ya cantaban los gallos cuando me quedé dormido, después de tanto tiempo y espera soñé con mi querida abuela Joana. Soñé que estaba en la casa grande, ella me llamaba:

- "¡Miguel, hijo, ven para acá!"

Corrí tras ella, nos internamos en el bosque y allí ella me mostró un pájaro de colores y me preguntó:

- "Miguel, ¿cómo se llama ese pájaro?"

Miré y miré, nunca había visto nada igual. Era encantador, cantaba, batía las alas. Me quedé asombrado y luego respondí:

- ¡Es muy hermoso, me encanta este pájaro! ¡Pero no sé su nombre!

Ella me respondió con cariño:

- Te amé apenas te vi, no sabía tu nombre, pero vi mucha belleza en ti, vi la luz de tu corazón.

En silencio observé al pájaro, recogió ramas e hizo un nido, mientras corría a recoger las ramas secas, cantaba alegremente, trabajaba con alegría.

- ¿Y entonces, Miguel? - Preguntó la abuela Joana -. Cantando hizo un nido, ahora yace tranquilamente dentro de él, con los ojos cerrados.

- ¡Miguel, hijo mío, ese pájaro eres tú! ¡Tu nombre no importa, hijo mío! Trajiste alegría a muchos corazones, ayudaste y enseñaste tantas cosas buenas a los hijos del Padre Más Grande. Eres un pájaro que batió sus alas y voló, felizmente trabajó y construyó su nido, ahora es el momento de permanecer tranquilamente dentro de él sin preocuparte por nada.

Deja que el tiempo se encargue de llamarte a volar nuevamente, deja de llamar sufrimiento a tu alma, porque el sufrimiento de la materia lo dejamos en la Tierra, pero el sufrimiento del alma es nuestra carga.

Mientras hablaba, su rostro se iluminó y pareció flotar. Intenté tocarla, ella se alejó y me dijo:

- Vuelve a tu nido y quédate tranquilo junto a Dalva - Elevándome en el aire aun podía escuchar sus últimas palabras... - Dios te bendiga, hijo mío.

Me desperté sudando, oliendo ese olor tan familiar, a hierbas y rosas, no podía contener la emoción, mis ojos estaban llenos de lágrimas, mi corazón latía con fuerza. Entonces Dalva se despertó y mirándome me preguntó:

- ¿Hueles este olor? Deben ser las rosas que han empezado a abrirse.

Dándose la vuelta, continuó hablando:

- Soñé que estaba en un lugar hermoso, ¡imagínate que tengo un pájaro! ¡Todo era hermoso, hermosos colores! ¡Hermoso! ¡Solo en sueños pueden suceder estas cosas!
Nunca he visto un pájaro así en estas tierras.

Sin prestar atención a las lágrimas que estaba secando a escondidas, me abrazó diciendo:

- El día está cada vez más claro, pronto tenemos que levantarnos y ocuparnos de nuestro trabajo. Los terneros ya están gritando para alimentarse - atamos a los terneros por la tarde para poder ordeñar las vacas temprano en la mañana, antes de la primera toma.

Salí a ordeñar, solté al primer ternero, lo dejé mamar un par de minutos, luego lo saqué y comencé a extraerle la leche. Este fue el método que utilizamos: la primera alimentación fue del ternero, ayudó en el ordeño.

Mientras ordeñaba las vacas, escuché a Dalva cantar en la cocina, el humo salía de la chimenea de nuestra estufa de barro. La leña seca se incendió fácilmente, podía oler el buen olor de la comida que nos estaba preparando.

Recordé el sueño que tuve con la abuela Joana, pensé en todas las palabras del cura sobre Lucien, el señor Silvério y mis Siñóziños.

Imaginé el rostro del hijo de Lucien, pensé en ella, pobre ángel, estaba enferma y me necesitaba. ¿Qué hacer? Por mucho que creamos que tenemos control sobre nuestros sentimientos, es imposible controlarlos. El deseo del espíritu es mucho más fuerte que todos los deseos carnales. El hombre nunca puede jurar ser capaz o incapaz de hacer esto o aquello, porque la capacidad de amar u odiar es desconocida en todos los individuos de carne y hueso. Me senté a la mesa de roble y la observé, fue tallada por mi abuelo. ¡Cuántas historias habían corrido sobre ella! Ahora yo estaba allí, sentado en esa mesa, dividido, triste y lleno de remordimientos.

Dalva tomó un plato de cerámica y lo llenó de comida, yo revolvía y revolvía la comida, pero no podía tragar, tenía un nudo en la garganta.

- ¿Qué pasa, Luís Fernando? - Me preguntó Dalva.

- No tengo hambre, eso es todo. Tu comida, como siempre, buenísima. Yo soy el que no está bien - se levantó preocupada, vino hacia mí y me puso la mano en la frente. Besé suavemente sus manos y, mirándola a los ojos, le dije:

- Dalva, mi enfermedad no está en el cuerpo, sino en el alma.

Ella, con la mirada baja, me respondió:

- No sé qué pasó, pero desde el día de nuestra boda, con la llegada del cura, perdiste la paz. ¿No puedo ayudarte, Luís? ¡Habla conmigo! Soy tu esposa, tal vez juntos pensemos en algo que ayude - continuó hablando -. Nunca tuvimos secretos el uno del otro, me entristece darme cuenta que me estás ocultando algo serio.

Antes que pudiera responder algo, las lágrimas ya corrían por mi rostro. Dalva tenía razón, ella era mi esposa, mi amiga, mi fiel y leal compañera, se lo conté todo.

Nos abrazamos durante mucho tiempo en silencio. Fue ella quien habló primero:

- Luís, hablemos con nuestro padre espiritual, pidamos orientación y mantengamos la calma. Ahora que has compartido esta carga conmigo, se volverá más ligera en tu alma. Quiero que sepas una cosa: si tienes que regresar a Brasil, estaré a tu lado, no importa lo que me pase, iré contigo.

Me emocioné y sentí un gran alivio en mi corazón, solo el hecho de no ocultarle nada a quien era mi razón de existir calmó un poco mi corazón.

Realmente necesitaba calmarme o me volvería loco. Me entregué a trabajar. Mientras me ocupaba de mis tareas pensaba:

"Gracias a Dios que el trabajo hace que el hombre se sienta útil para algo."

Todos los miembros de la comunidad estaban preocupados y en alerta. Ya nadie dormía en paz. Establecimos un plan de guardia entre nuestros hombres. Día y noche la entrada y salida de nuestro pueblo estaban vigiladas.

El cura caminaba de un lado a otro del pueblo, parecía haber perdido la noción del tiempo. Llevaba más de dos meses diciendo misa llorando; estaba delgado, pálido y envejecido.

Por mucho que intenté sacar de mis pensamientos a Lucien, al señor Silvério, a mi Siñóziño, Ritiña... ¿Y a mis hijos? No podría morir sin saber de ellos... Dalva hizo todo lo que pudo para hacerme feliz y yo me esforcé por no verla triste. A veces incluso forzaba una sonrisa para complacerla.

Una tarde mientras limpiaba las cojeras de los cerdos, se me apareció Dalva sonriendo, estaba más hermosa que antes. Me quedé allí mirando su expresión feliz y pensé: "Necesito hacer feliz a esta chica. Ella no merece lo que le estoy haciendo."

Abrazándome, dijo suavemente:

- ¡Luís, vamos a tener un hijo!

Dejé caer la calabaza de agua al suelo; parece que sus palabras entumecieron mi alma. Me quedé allí, mirándola sin palabras.

- Luís, ¿no dices nada? - Ella gritó. Temblando me acerqué a ella y apenas pude hablar:

- Dalva, yo... yo... ¡no sé ni qué decirte! - La abracé y comencé a llorar. Mil pensamientos vinieron a mi cabeza.

Nos sentamos bajo una palmera y miramos el cielo azul claro. Fue Dalva quien habló primero:

- Luís, pensé que te alegrarías con la noticia, pero veo que te entristecí con la noticia.

Abrazando tiernamente a mi esposa le dije:

- Dalva, por favor no te lastimes, no estaba triste por la noticia, simplemente no me la esperaba. Sabes, Dalva, todos mis hijos fueron criados con mucho respeto por sus madres, pero sin amor. Y amo a cada uno de ellos, como si fueran pedacitos de mi vida. El hijo en tu vientre, como mis otros hijos, es una gota de mi sangre y fue creado con mucho amor. Sabes cuánto te amo, qué diferente eres.

Pronto se difundió la noticia. Mis hermanos me pidieron que olvidara el pasado. "...ahora que vas a tener un hijo entre nosotros", "...este es tu hijo legítimo y verdadero", "...trata de olvidar a los que quedaron atrás, nuestros orixás cuidarán de ellos." Asentí con la cabeza, pero en mi corazón tenía un gran deseo de volver a verlos; en el alma estaba el dolor del anhelo.

CAPÍTULO XIX
EL TIEMPO PASÓ...

Como de costumbre, todos los sábados íbamos a nuestro culto, escuchábamos consejos, recibíamos ayuda en lo que necesitáramos. Me sorprendió cuando nuestro líder espiritual me llamó en privado. Acompañé al maestro en silencio hasta un rincón más alejado del ruido de alegría de nuestra gente.

Mirándome seriamente me dijo:

- Hijo, cuando las tormentas que cubren el cielo se calmen, podrás volver a sonreír. Haz lo mejor que puedas en tu vida, recuerda que llega una luz que necesitará de ti. Recibe a este hijo y haz de él un verdadero hombre. Dios es bueno, justo y misericordioso, un día comprenderás toda la voluntad del Padre.

Ahora, hijo, tengo una petición que hacerte: me gustaría que ayudaras al sacerdote en todo lo que puedas; recuerda cuánto te ayudó; ahora es tu turno de retribuir.

Pensé: "Pero ¿ayudar cómo?" - Al escuchar mis pensamientos, respondió:

- Mañana lo sabrás.

Cuando salí de allí me sentí más tranquilo y reconfortado.

A la mañana siguiente, apenas terminó la misa, el sacerdote nos convocó a una reunión. Nada más llegar a la habitación, vi que junto al banco había un baúl de viaje y un bolso; todos los hombres se miraron, pero nos sentamos en silencio.

- Amigos míos - comenzó a decir el sacerdote -, ya no puedo quedarme aquí. Me voy hoy, necesito su ayuda para llegar a mi cruce.

No puedo seguir escondiéndome, ni huyendo de una situación en la que también estoy involucrado. Me uniré a los demás y lucharé junto a ellos. Me voy a Francia, llevaré noticias tuyas, Luís, a la familia de la señora Lucien. No lo prometo, pero si todo va bien, a nuestro favor, si puedo volver algún día, definitivamente volveré. Aprendí a amar esta tierra y a cada uno de ustedes. Manténganse unidos; son fuertes e independientes, permanezcan alerta. En cuanto a su cuidado espiritual, puedo estar seguro, sé que siempre han estado en buenas manos, protegidos por sus dioses...

Me levanté y pregunté:

- Padre, ¿puedo ir a mi casa a buscar algo para regalarte mientras mis hermanos arreglan tu partida?

- Sí Luís, si es algo que puedo llevar y si tengo la posibilidad de llegar a mi destino, entregaré tu pedido.

Fui a mi casa, tomé mis ahorros y, sin vergüenza alguna, decidí: le daría todo al cura, él los necesitaría más que yo. Tan pronto como regresé, los carros ya estaban siendo examinados, los hombres se disponían a acompañarlo. Lo llevé aparte y le entregué la bolsa diciéndole:

- Padre, no es mucho, pero es todo lo que puedo darte. Sé que lo necesitarás, por favor acepta.

Abrió la bolsa y palideció:

- Luís, eso no es justo, aquí tienes todo lo que has reunido con tu trabajo durante todo este tiempo. Tú también lo necesitarás, Dalva se está preparando para tener a tu hijo.

Con gran dificultad convencí al sacerdote para que aceptara mi ayuda. Se fue saludando. Sabíamos que otro sacerdote no vendría a nuestro pueblo. Aquel sacerdote que nos había dedicado su vida fue perseguido y buscado por transgresor de la ley.

Cuando lo vi desaparecer por el camino, mi corazón se hundió, tuve la sensación que nunca más lo volvería a ver. Pedí a los orixás que lo protegieran, era amigo de Dios y de los hombres.

Dalva, al enterarse de mi gesto, me abrazó orgullosa:

- Luís, desde el primer día que te vi te amé por esto: la grandeza de tu corazón. Hiciste muy bien en escuchar los consejos de nuestro padre; el sábado le daré las gracias, y tú también deberías acercarte a él y darle las gracias.

Nos reunimos frente a la iglesia, los niños se fueron a dormir y las mujeres se quedaron hablando. Los hombres estaban preocupados y ansiosos por el regreso de nuestros compañeros. La Luna ya estaba alta en el cielo cuando oímos el trote de los animales. Nos levantamos y pedimos a las mujeres que entraran a las casas. Eran nuestros hombres, estábamos aliviados, todo había ido bien. El sacerdote tuvo que esperar tres horas, pero logró embarcarse con unos pescadores hasta la isla donde buscaría ayuda para continuar su viaje.

El invierno llegó con mucha lluvia y también trajo muchas enfermedades. Yo, con la ayuda de los guías, preparé medicamentos para toda nuestra comunidad.

Estaba preocupado por Dalva, estaba a punto de dar a luz y tosía mucho. El frío era muy fuerte, mucha lluvia y viento. El afluente del río creció mucho, trayendo muchas serpientes venenosas.

Los caminos estaban cubiertos de barro, ni siquiera se podía pasar a caballo. Los mayores comentaron que hacía más de treinta años que no habían tenido un invierno tan duro como éste.

Los días eran cortos, y las noches largas, el cielo oscuro y la niebla que cerraba todo me causaban gran angustia. recordé los inviernos brasileños.

En la granja del hombre, en pleno invierno, no llevábamos ropa abrigada y veíamos estrellas en el cielo. Mi hermana vino a quedarse con nosotros, estábamos esperando que naciera mi hijo. Separé la leña seca, hice una cuna estilo brasileño, llené un colchón de carrizos secos y desmenuzados para la cuna del bebé. Por otro lado, Dalva también preparó todo lo que necesitaría los primeros días.

Era sábado, Dalva estaba ansiosa por no poder acudir al servicio de nuestros guías. La tranquilicé diciéndole:

- Nuestros orixás saben que no te presentas allí porque no puedes afrontar los caminos cubiertos de barro; ellos vienen aquí.

- ¡Entonces vete! - Ella me dijo.

- No, no puedo dejarte aquí en este estado, estas cosas pasan cuando menos lo esperas, no iré, los orixás saben que no es mala voluntad, sino cuidado.

Inmediatamente después del almuerzo, empezó a caminar de un lado a otro. Yo, atento, le pregunté:

- ¿Qué sientes, Dalva?

Antes que pudiera responderme, vi agua corriendo por sus piernas.

- ¡Dalva, por amor de Dios, se te rompió la fuente! Ven conmigo.

- No siento ningún dolor - me dijo.

Es así, algunas mujeres, cuando rompen fuente, no sienten ningún dolor. Preparé el baño, puse agua a hervir, llamé a mi hermana que dormitaba un poco y empezamos a ordenar la habitación.

Le di a Dalva un baño de asiento, jugué con ella para mantenerla tranquila, la vestí con una bata corta y holgada, comencé a masajear su cuerpo y a ejercitar sus piernas para ayudar con la circulación.

Una hora después, Dalva gemía y sudaba fríamente, la animé, le masajeé la barriga, ayudando a mi hijo a tener fuerzas para nacer. Mi hermana corría con paños calientes y cacerolas de agua hirviendo; el frío era fuerte y pregunté:

- Mantengamos la habitación caliente.

Yo, acostumbrado a ayudar a tantos niños a venir al mundo, miré a Dalva y temblé, no de frío, sino de miedo a perderla. En mi corazón pedí con toda fe a nuestros orixás que vinieran a ayudarnos. Le pedí a mi abuela Joana, dondequiera que estuviera, que me escuchara; necesitaba ayudar a mi hijo a nacer. Necesitaba salvar a aquel que me dio la fuerza para seguir viviendo.

Hacia las nueve de la noche, mi hermana sostenía la cabeza de Dalva, yo le masajeaba el vientre con una mano y con la otra sostenía la cabeza de mi hijo, podía verle la cara, pero aún no sabía si era niño o niña. Unos minutos después mi hijo estaba allí, era un niño hermoso y fuerte.

Corté el cordón umbilical haciendo todo el ritual de enseñanzas espirituales que había aprendido de la abuela Joana, y como todavía se hace hoy entre quienes forman parte de nuestra religión. Le mostré a Dalva nuestro hijo; ambos estábamos llorando de alegría y emoción. Acostamos a madre e hijo en nuestra cama, mi hermana y yo nos encargamos de limpiar y ordenar la casa. Como acordé con mis hermanos, tan pronto como naciera mi hijo, encendería una antorcha en lo alto y ellos lo sabrían desde allí. Acordamos que, si era niño, lo encendería del lado izquierdo, si era niña, del lado derecho, y así lo hice. Pasé la noche despierto, observando a las dos personas que eran la razón por la que vivía. Llovía sin parar, no se oía ni un sonido, salvo la lluvia cayendo sobre las hojas.

Con mucho sacrificio por la lluvia, todos mis familiares vinieron a visitarnos, todos trajeron regalos para mi hijo, entre ellos una manta de lana, chaqueta, zapatos, gorro, etc.

Entonces mi hermana me preguntó:

- Luís, ¿cómo se llamará tu hijo?

Miré a Dalva, esperé a decir algo; ella entendió mi llamado y luego respondió:

- Si fuera niña, me gustaría llamarla Joana, pero como es niño, dejaré que su padre le elija un lindo nombre.

Seguí pensando y tratando de recordar los nombres de todos mis hijos; sinceramente, no lo recordaba. Recordé sus caras, el nacimiento de cada uno de ellos, pero no recordaba el nombre de todos.

Me acordé de mi padre, de mi abuela Joana... Ella me llamó Miguel porque le gustaba ese nombre, me dijo que era el nombre de un ángel muy poderoso. Me vino la pregunta:

- "¿Y si le pongo a nuestro hijo Miguel?"

- Dalva – dije –, ¿estarías de acuerdo en que le pongamos el nombre de Miguel a nuestro hijo?

Ella se quedó pensativa y me respondió:

- Si lo deseas, estoy de acuerdo. Miguel es un hermoso nombre.

Mi hermana gritó:

- ¡Luís! ¿No era Miguel como te llamaban en cautiverio?

- Sí, pero no fue el nombre lo que me hizo esclavo, de hecho, ese nombre me lo puso un ángel; y, en memoria de ella, como volví a ser Luís, llamaré a mi hijo Miguel.

Así se eligió el nombre de mi hijo con Dalva: Miguel.

El invierno fue duro, pero tuvimos una buena cosecha. Las carreteras se estaban secando, el sol volvía a brillar y nubes blancas cruzaban el cielo. Por la noche, observaba las estrellas cambiando de lugar, cruzándose de un lado a otro. La luna iluminaba los alrededores de nuestra casa, nuestros animales mestizos pastaban abundantemente. Dalva dormía con nuestro hijo en brazos, yo soñaba con las estrellas en el cielo: el corazón de un hombre es más emoción que razón. Por mucho que intenté engañarme diciendo que lo había olvidado, mis recuerdos estaban vivos dentro de mí. Seguí pensando... y pensando, mientras encendía mi cigarrillo de paja me preguntaba:

- ¿Cómo estarían todos? ¿Dónde estaba el sacerdote? ¿Había llegado a su destino? ¿Lucien había recuperado el sentido? ¿Y el señor Silverio? ¡Oh! ¡Dios, Dios y Orixás!

Si no pudiera olvidar toda esta trayectoria de mi vida, podría aceptar mi pasado sin tanto sufrimiento. Que mi vida ahora era otra, yo era otra persona: Luís Fernando.

Poco a poco Miguel fue creciendo y llenando de alegría nuestra casa; era dulce, inteligente y muy inteligente. Jugó por la casa dando sus primeros pasos.

Lloré el día que él, cambiando las letras, me llamó "Papá."

Me senté en la acera afuera de nuestra casa y lloré como un niño; fue la primera vez que escuché a uno de mis hijos llamarme "papá." Abracé y apreté a Miguel contra mi pecho, tenía mucho que agradecer a Dios por tanta felicidad.

Nuestro rebaño aumentó, nuestras cosechas fueron rentables, ampliamos y mejoramos nuestra casa, compramos cosas nuevas para la casa y para nosotros. Miguel ya tenía un año y siete meses, Dalva me volvió a abrazar como ese día. Antes que ella me dijera algo, me volteé riendo y dije:

- ¡No lo niegues! ¡Ahora tendrás una niña!

Ella rio:

- ¿Cómo lo sospechaste?

- ¡No lo sospechaba, tenía razón!

- Bueno, si acertaste, entonces esta vez viene nuestra Joana.

El tiempo pasó, vivíamos en paz y alejados del involucramiento político en el que sabíamos que estaba involucrado el mundo. Nunca más volvimos a saber del exterior, le preguntamos a uno de nuestros maestros sobre el sacerdote, y él respondió:

- Preocúpate por cuidar a tus hijos, Dios cuida de cada uno de sus hijos. No veo motivo para que te preocupes tanto, ora por él y por el resto del mundo, eso es todo lo que puedes hacer.

El amor y el compañerismo de una mujer ayudan al hombre a seguir adelante. Ya no saqué el tema de mi vida pasada con Dalva, teníamos una vida que cuidar, teníamos hijos que criar y no teníamos una rutina dolorosa, porque cada día creábamos algo diferente para la familia y el comunidad.

Acabamos de cosechar el arroz, era abundante. Feliz, Dalva me recordó:

- Necesitamos vender unas treinta bolsas y blanquear la iglesia y el patio de nuestros protectores.

Estuve de acuerdo con ella respondiendo:

- Hoy nos vamos a reunir para discutir estos asuntos, pero tengo muchas ganas de probar ese pollo que preparaste, ¡me muero de hambre!

Salimos corriendo abrazándonos y nuestros hijos también corrieron a ver quién llegaba primero y se llevaba la mejor pieza.

Después del almuerzo me acosté en una colchoneta y dormí; empecé a soñar que estaba en la casa grande con Ritiña, hablábamos de muchas cosas. Le pregunté tres veces por Nalva y no me contestó, cambió de tema. Todo había cambiado, pregunté por mis amos y ella me indicó el camino. Fue un sueño confuso; desperté angustiado, nunca más había soñado con nadie de mi pasado.

Me desperté y miré al cielo, el crepúsculo rojizo anunciaba lluvia, un viento del norte arrancaba las hojas de las palmeras, los niños corrían por la casa jugando con caballitos.

Escuché a Nalva cantar en la cocina, extrañaba tanto a Ritiña, me parecía verla tal como la dejé. Habían pasado diez años desde que salí de Brasil, cuando dejé de ser Miguel para encontrarme nuevamente como Luís.

Yo había crecido, Ritiña ciertamente también era diferente. ¿Había muerto Nalva? ¿Y mis amos? ¿Y mis hijos? ¡Dios mío!

Ya no me paraba en la ventana soñando con las estrellas que cruzaban el cielo, ahora jugaba con mis hijos, les enseñaba a montar, a extraerse leche, etc. Junto a mis cinco hijos, me había olvidado un poco del dolor que sentía por ser libre y que mis hijos permanecieran cautivos.

El ser humano, a pesar de todos los momentos de necesidad, es un niño ante el Padre Mayor; se adapta al sufrimiento, olvida la tristeza y logra encontrar la felicidad en las pequeñas cosas de la vida.

El tiempo borra recuerdos, alivia las añoranzas, compensa con otras cosas el remordimiento por lo que dejamos atrás. En definitiva, el tiempo es un gran sabio para curar las enfermedades del alma. Estos diez años fuera de Brasil parecieron un siglo atrás.

CAPÍTULO XX
EL REGRESO

Era una hermosa tarde de verano, estaba calculando con otros hombres de la comunidad la ganancia que obtendríamos con la venta de aceite de oliva, ñame, algodón y lana. Fue la mayor ganancia de los últimos diez años, dijo mi hermano menor.

Nuestra comunidad siempre ha estado muy unida: lo que una persona hacía por sí misma, ayudaba a otros a hacerlo también. Pintamos de blanco todas las casas y la iglesia. Todo era muy hermoso, mi casa, allá arriba, más grande de lo que había sido, me parecía una mansión desde lejos.

Bebimos vino de plátano elaborado por mi esposa, que yo le enseñé a preparar; todos disfrutaban con gusto de la bebida, cuando llegaron corriendo Miguel y los demás niños:

- Papá, papá - gritó Miguel -. Están llegando dos carruajes de lujo, trayendo gente blanca.

Las mujeres arrastraron a los niños al interior de la casa, los hombres se armaron y se mantuvieron preparados.

A medida que los carruajes se acercaban lentamente, pudimos ver la tensión y el miedo en los rostros de todos. Los carruajes se detuvieron frente a la iglesia, los conductores eran dos negros desconocidos en nuestra comunidad.

Uno de ellos levantó la mano y habló en tono amistoso:

- ¡Ey! Amigos, ¿puedo bajar y hablar con ustedes?

Todos los hombres se miraron y, a la vez, todos asintieron con la cabeza.

Se presentó diciendo que él transportaba por recomendación y que las personas que iban en el carruaje venían por recomendación, sobre todo para hablar con Luís o Miguel, que eran la misma persona. Me estremecí. Dios mío, ¿qué sería ahora?

Abrió la puerta de un carruaje y descendió un hombre blanco, gordo, de pelo y barba blancos; ayudó a una señora de mediana edad a bajar. Vi que estaba apoyada en un bastón, su cabello era blanco y estaba recogido en un moño. Junto a ellos había un joven alto y bien arreglado que me recordó a alguien que no recordaba bien.

Del otro vagón se apeó un joven, una muchacha bien vestida, como una niña pequeña, con un sombrero de flores en la cabeza. Detrás de ella venía otro chico, que al verlo se quedó sin habla: era el hermano de Lucien.

Me quedé quieto, tragué saliva, la niña se acercó y, abriendo los brazos, gritó llena de alegría:

- ¡Miguel! ¡Miguel! ¡Soy yo, Lucien!

Ella se aferró a mi cuello llorando, nos abrazamos un rato. Llorando, me presentó:

- Este es mi hijo, este es mi hermano, a quien ya conoces, pero la sorpresa más grande está por llegar. ¡Miguel, mira bien a esta señora y mira si no la recuerdas!

Dios mío, puse mi mano en mi corazón. Esa señora fue mi benefactora, ella fue quien me compró en el mercado del sufrimiento; con algún sacrificio por el uso de su bastón, se acercó a mí y abriendo los brazos me dijo:

- ¡Miguel, dame ese abrazo que siempre quise recibir de ti!

Olvidé que un día yo era el esclavo Miguel, la abracé como si fuera mi madre. Nos miramos sin decir nada, nuestros ojos estaban llenos de lágrimas. Me presentó a su hijo, quien ahora me recordaba a mi maestro, su hermano.

Lucien todavía estaba a mi lado, apretando mi mano. Dalva y toda la comunidad miraron a esas personas sin entender nada.

Los invité a sentarse a la sombra y beber agua fresca. Llamé a Dalva y a mis hijos y se los presenté. Me estremecí, pero vi que Dalva temblaba de pies a cabeza.

- Miguel, ¿no te molestamos? - Preguntó Lucien.

- Para nada, simplemente no tenemos la misma comodidad a la que estás acostumbrada – respondí.

Lucien suspiró profundamente y me dijo:

- Soñé tanto con este día, que todavía creo que es un sueño volver a verte. Tenemos muchas cosas que contarte, algunas noticias felices y otras tristes, pero en fin, aquí estamos.

- Miguel - dijo Lucien -, hace tres meses que vine de Brasil, allí pasaron muchas cosas. Gracias a Dios mi esposo y mi padre ya están libres; fueron encarcelados durante tres años. El Sr. Silvério fue arrestado y deportado junto con otros hombres. Mi cuñado, a pesar de todas las acusaciones, logró salir libre, fue nuestra suerte. Él se ocupaba de la granja y de nuestra familia, mi tía cuidaba de mi madre y mi tío ayudaba a mi hermano en el negocio de nuestro padre. Pasé momentos amargos en mi vida, no tenía noticias de mi familia, estábamos incomunicados, por eso no volvimos a buscarte, como habíamos acordado. Sé que estás angustiado por las noticias de tus amigos y tus hijos, ¿verdad? Bueno, tus hijos siguen en la finca, ya están todos grandes y fuertes, pero Josué y Marcela fallecieron, a pesar de todos los cuidados que les dio mi cuñado; fue una fiebre lo que estalló allí. También falleció Nalva, Miguel, por la misma enfermedad, Ritiña se encargó de todo. El padre Arturo fue enviado a Brasil, acusado de conspirar contra la corona portuguesa; la organización lucha por liberarlo de los cargos, solo Dios sabe qué pasará con él.

Con la salida del señor Silvério y de los demás hombres de la organización, me parece que han dejado un poco de lado la persecución, tal vez el sacerdote sea liberado. Recibimos la licencia para viajar y recibir y traer personas y familiares de otros países, siempre que tengamos permiso, entonces, antes de venir aquí, ya obtuvimos la autorización para que regreses a Brasil con nosotros.

Mi antigua ama jugaba con mi hijo de siete años; me llamó la atención diciendo:

- Tiene tu carita cuando llegaste a nuestra casa. Lo miro y es lo mismo que verte pequeño.

Ella continuó diciendo:

- Ya veo, Lucien, que Miguel es el de siempre, sabe repartir felicidad allá donde va, ha formado una familia preciosa.

Alojamos a todos en las casas de nuestros hermanos, regresé a casa acompañado de Lucien, su hijo y su hermano. Dalva permaneció en silencio durante todo el trayecto.

En casa, trataba de hacer lo mejor que podía para sus visitantes, hervía agua para sus baños, arreglaba sábanas limpias, tenía mucho cuidado en disponer la mesa y la comida.

Después de cenar, ella me preguntó:

- Luís, lleva a las visitas a la sala, creo que la niña tiene muchas cosas que contarte. Cuidaré a los niños y limpiaré la cocina.

El chico, el hijo de Lucien y su tío se fueron a la cama, estaban cansados del viaje, yo me senté con Lucien, ella en una hamaca y yo en otra. El cielo estrellado y la brisa nocturna me trajeron el pasado. Lucien estaba delante de mí, mi dulce hijito.

Ella me habló de personas, lugares, objetos y eventos, me vi en cada historia que contó.

Ya era tarde cuando nos fuimos a dormir. Dalva me esperaba despierta y, en cuanto me vio, me preguntó:

- Vinieron a buscarte, ¿no? Si fuera hace unos años te seguiría, pero ahora tenemos cinco hijos, no puedo llevarlos ni dejarlos, Luís.

Abracé a Dalva y respondí con serenidad en mi voz:

- No te dejaría a ti ni a nuestros hijos por nada del mundo. No te preocupes, no me iré con ellos. Mi vida está aquí, soy Luís, como bien sabes.

El Miguel que buscan no está aquí, estuvo allá en Brasil en cada gota y sangre de mis pobres hijos. Ya hablé con Lucien. Si quieren ayudarme, que hagan algo por mis hijos y hermanos afortunados, como Ritiña, que todavía está en cautiverio.

Dalva suspiró profundamente, me abrazó y noté que dos lágrimas caían de sus ojos.

Tres días después, Lucien me abrazó con los ojos llenos de lágrimas; Prometió al menos una vez al año enviar noticias sobre ellos y mi gente, y llevar las mías también a Brasil. Además de muchas cosas, entre ellas semillas de flores y pequeños trozos de madera tallada, también se llevaba mis cartas, cartas que yo dictaba y ella escribía.

Le envié a mis hijos el siguiente mensaje:

"Hijos míos, estoy lejos de ustedes, físicamente soy libre, incluso pueden pensar: nuestro padre nos abandonó, nos dejó en cautiverio. Mi alma permanece cautiva por el anhelo que siento por ustedes; me siento esposado, porque no puedo hacer nada para liberarlos de esta cadena humana. Daría gota a gota de mi sangre si pudiera salvarlos. Solo Dios nos liberará, hijos míos, de este pozo de sufrimiento cavado por las manos de los hombres; solo Dios, y en Él debemos tener fe.

Sin embargo, hijos míos, me alegra saber que de los señores que conocí en cautiverio, además de aquel ángel que Dios llevó al cielo, este señor de quien son es un hombre bueno. Al verlos como personas, lo sé porque él fue y será siempre mi señor, porque cada uno de ustedes a los que alimenta y sostiene, soy yo a quien sostiene.

Los amo, quiero que sepan esto, no es la libertad la que nos enseña a amar, es el corazón. Les digo: en cautiverio soñé con mi tierra, mi pueblo, mi libertad. En mi tierra, entre mi pueblo, con mi carta de manumisión en las manos, como hombre libre, supliqué a Dios y a nuestros orixás: daría cualquier cosa por volver al cautiverio y permanecer a su lado.

Pasó el tiempo, hijos míos, y me sentí tan solo que hice muchas estupideces en mi vida, incluso bebí hasta caerme, pero como Dios no abandona a ninguno de sus hijos; conocí a una chica llamada Dalva, realmente me recuerda a la estrella Dalva por la belleza y el brillo de su corazón. Ella me dio fuerzas y me levanté, logré superar muchas cosas.

Tenemos cinco hijos, que son sus hermanos: Miguel, Joana, Luiza, Mário y Silvério. En cada uno de sus hermanos los veo. Quién sabe, tal vez algún día, más adelante, nos veamos. Oremos, pasé más de 35 años para encontrar a mi padre, ¿quién sabe si nos veremos todavía?

Pero si eso no sucede, recuerden que aquí tienen una casa, un terreno para trabajar y hermanos que te ayuden. Hagan lo mejor que puedan en sus tareas, sean correctos, honestos y pacientes. Si Dios lo permite y adquieren la libertad, pueden venir a vivir con nosotros, esperemos la voluntad de Dios.

¡Oh! No dejen de creer en Dios, asistan a misa y también obedece los consejos de nuestros maestros guías; el hombre solo permanece en pie por la fuerza que recibe de Dios.

Nunca los olvidaré; cada uno de ustedes es una gota de mi sangre que alimenta otros corazones. Los bendigo a todos, vivo en cada uno de ustedes."

Carta que le envié a Ritiña:

"Mi querida hermana, mi compañera de sufrimientos y alegrías, ¡cómo me gustaría decírtelo en persona!

Ritiña, una parte de nuestra vida se fue, para vivir otra historia de vida, y tengo fe que ella ya es parte de una familia libre y feliz. ¡Cómo sentí la muerte de Nalva! Dios sabe cuánto la amaba... Me pregunto cómo te sentiste y continúas extrañándola. Busca refugio de tu dolor en los consejos de nuestros guías de luz.

Después de tantos años, cuando ya no creía que pudiera ver a nadie de mi pasado, se me apareció nuestra muñeca de porcelana, trayendo tanta alegría y algo de tristeza.

Te cuento en pocas palabras lo que he estado haciendo con mi vida: nada más llegar vi que ya nada era igual que antes, todo había cambiado, las casas, las personas y hasta nuestra antigua casa.

Encontré nuevos hermanos, mi madre se volvió a casar, vivió el resto de su vida creyendo que mi padre había muerto, como le decían. Sé que sufrió mucho, es una pena que solo pudiera tocar su tumba, ella no podía esperarme. Conocí a su marido, un hombre amable, honesto y muy justo, que ayudó a criar a mis hermanos.

Fue maravilloso conocer a familiares. Me quedé en nuestra aldea con la promesa que seis meses después mi amo vendría y me llevaría de regreso. Pero, como no siempre se hace según nuestra voluntad, sino la voluntad del Padre Mayor, todo cambió en mi destino.

Te lo juro, Ritiña, daría cualquier cosa, todo y todo por volver a Brasil, mi deseo era morir para escapar del tormento que arrastraba mi alma.

Yo era libre, tenía familia, tenía posesiones y me faltaba todo, te extrañaba a ti. Sé que les di muchos problemas a mis hermanos, comencé a beber y a hacer estupideces, hasta que un día encontré una luz enviada por Dios para salvarme de la oscuridad en la que me encontraba.

Dalva, ese es su nombre, sé que te gustaría mucho si pudieras conocerla. Ella es dedicada, dulce y muy hermosa. Yo, que nunca me había entregado al amor de una mujer, me entregué en cuerpo y alma a ella. Encontré la fuerza para vivir y luchar, confieso que poco a poco incluso me fui distanciando de los recuerdos que viví como Miguel.

Volví a ser quien era: Luís Fernando.

Tenemos cinco hijos: Miguel, mi hijo mayor con Dalva, en memoria de nuestra abuela Joana. Joana, mi segunda hija, también en memoria de ella. Luiza, la tercera, eligió el nombre Dalva, era el de su madre. Mário, el nombre de nuestro señor que siempre fue muy bueno con nosotros, y Silvério, un chico que me ayudó mucho.

Lloró por mí, sé que fue condenado allá en Brasil. Nunca podré olvidar su imagen fuerte y serena, en su piel clara veía a los negros de su color.

Tengo una buena casa, animales, terreno donde siembro y cosecho todos los años. Hoy mi querida hermana, aunque mi corazón esté dividido por la mitad, no puedo dejar atrás a los que son pedazos de mí.

Lucien me prometió traer y recibir noticias al menos una vez al año. Sigue viviendo, Ritiña, lucha por tu felicidad, seguimos juntos en el pensamiento y en el corazón.

Por favor, pídele permiso a nuestro señor para que todos mis hijos escuchen lo que les escribí. Lucien me prometió que te leerá las cartas. Guarda estas cartas, algún día podrán ayudar a mis nietos, bisnietos, tataranietos y más allá. Aquí voy a luchar duro, quiero juntar algo para dejarle a mis hijos y a sus hijos. Quién sabe, tal vez el día en que todos los esclavos reciban la libertad, muchos de mis familiares podrán venir aquí. Y, viniendo aquí, tendrán un lugar donde plantar, vivir y vivir en paz.

Con mi corazón ardiendo de anhelo, envío mis saludos a mis hermanos de color. Veré las estrellas cruzarse en el cielo e imaginaré que se dirigen a Brasil. Las noches aquí son parecidas a las de Brasil, las luciérnagas pasan a nuestro lado, pero nuestra mirada va más allá.

De todos modos, Ritiña, quiero que sepas que estoy bien, muy bien, tengo mis momentos de tristeza, pero también momentos de mucha alegría.

Dios te bendiga, recibe un fuerte abrazo de este hermano que te quiere mucho.

¡Oh! No olvides cuidar de la abuela Joana y de la tumba de mi padre. Que Dios te recompense por esto."

Mi antigua ama, tan amable como siempre, se propuso hacer regalos a Dalva y a mis hijos; Nos abrazamos con los ojos llenos de lágrimas, sentía en ese momento que nunca más la vería a ver; en su abrazo sentí un adiós.

Se fueron y mi corazón se hundió. Pensé: "¿Llegarán mis cartas a Brasil?" ¡Qué felicidad, Dios! Solo pensar que mis hijos supieran de mí alivió mi alma del remordimiento.

Necesitaba caminar un poco, llamé a mi hijo Miguel y le dije:

- Dile a tu madre que voy al cementerio a mirar la tumba de mi madre - y lo hice.

Me senté en un rincón y pensé en la vida: "¡Dios mío! Un hombre necesita ser muy fuerte para resistir tantas cosas en esta vida." Recordé las palabras de la abuela Joana: "Hijo, es el espíritu el que anima al cuerpo a vivir, no soportaríamos vivir siendo castigados, humillados, despreciados si no tuviéramos la fuerza del espíritu sobre nosotros, así que nunca te desanimes de caminar."

Con todo el sufrimiento y todas las pruebas que tenemos que afrontar en esta vida, debemos alimentar bien nuestro espíritu con muchas oraciones, a fin de fortalecer y preparar el cuerpo físico para la lucha del día a día."

Intenté alejarme del pasado, intenté olvidar a los que quedaron atrás, pero la vida misma me trajo todos los recuerdos, y los recuerdos ahora me llenaron de añoranza. No quería admitirlo, pero en el fondo, si pudiera, correría a Brasil y me entregaría a la vida como Miguel.

Recordé el sueño que tuve con mi abuela Joana, ahora era un pájaro, necesitaba quedarme en el nido, alimentando y protegiendo a mis polluelos y a su madre.

Si esta era la voluntad de Dios, que se haga la Suya y no la mía. Me levanté, me arrodillé en la tumba de mi madre y mi abuelo y les pedí perdón a ambos en mis pensamientos. Pensé para mis adentros: "Un hombre no puede ni debe correr tras los muertos en momentos en que necesita resolver sus propios problemas; tenían tantos o más problemas que yo."

Regresé a casa más tranquilo, mis hijos corrían por nuestra casa y Dalva nos cosía la ropa; los miré desde lejos y prometí: "Ellos merecen ser felices y tengo la obligación de hacerlo por ellos."

Fui hacia donde estaba Dalva, la abracé sonriendo; pronto mis hijos saltaban a mi alrededor y hablaban todos a la vez. Allí estaba mi vida, junto a ellos terminaría mis días. Dalva me miró preocupada y preguntó:

- ¿Está todo bien, Luís?

- Sí, todo está bien, Dalva. Nuestra vida continúa, ustedes son mi presente, y como dicen nuestros guías: "Debemos amar y valorar nuestro presente, como es la certeza de lo que hemos pasado en el pasado; es nuestro presente el que nos anima hacia un mañana mejor."

Entonces continuamos nuestra conversación, hablamos de amigos que fallecieron, de la esperanza de reencontrarnos y de recibir noticias sobre mis hijos brasileños. Ya era de noche, los niños fueron a bañarse por orden de su madre, y ella se levantó diciendo:

- Yo prepararé nuestra comida, tú también te bañas para comer y descansar. Estos últimos días no has parado ni un minuto, Luís.

Me senté a contemplar el crepúsculo. La primera estrella apareció en el cielo, cerré los ojos y recordé los tiempos en la finca del hombre, vi la imagen de la abuela Joana llegando del bosque, mientras yo arreglaba los arneses de los animales o preparaba mis herramientas. Recordé cuando estaba en la granja del padre adoptivo de Lucien, mientras hacía crujir ángico esa estrella brillaba con los últimos rayos del sol.

¡Los años habían pasado tan rápido! Ya me estaba haciendo viejo y cansado. Mis amigos estaban muriendo... Había muerto Nalva, una criatura iluminada y bondadosa, era más que una hermana para mí, me ayudó muchísimo. Ella tuvo a mi hijo, el que nació bajo el látigo del señor quien me dio libertad y quien me ayudó a regresar a casa... Como esta vida era misteriosa, mi buen señor hoy fue mi mayor torturador en el pasado. "Sí… el diablo de ayer podría ser el ángel de mañana", decían nuestros maestros guías. Podría dar fe que esto es cierto, porque el hombre que me hizo un ser infeliz, ahora cambió su vida por mi felicidad.

CAPÍTULO XXI

ALEGRÍA

Habían pasado más de diez meses desde que Lucien se fue con mis cartas. Los caminos ya se estaban secando, estábamos haciendo nuestra harina. Era tiempo de fiesta: en invierno estábamos tan aislados que me recordaba a los pájaros que anidan eclosionan. Salió el Sol, los caminos empezaron a secarse y hombres, mujeres y niños quisieron divertirse, jugar en cada día libre y en las noches de Luna.

Era un domingo soleado, estábamos reunidos frente a la iglesia comiendo nuestras tortas y besos de yuca y bebiendo nuestro aguardiente de caña cuando los niños que jugaban cerca regresaron corriendo, jadeando.

- ¡Se acerca un vagón de alquiler!

Detuvimos nuestro juego y nos preparamos para recibir a quien llegara. Sentí curiosidad y tensión al mismo tiempo, preguntándome si era Lucien o alguien más de su lado.

El carro se detuvo y vimos bajar a un hombre vestido con sencillez, con una larga barba gris, un sombrero negro en la cabeza y un pequeño baúl en la mano. Se acercó a nosotros y habló en voz alta:

- ¿Ya no me reconoces?

- ¡Dios mío! Es el cura - gritaron las mujeres.

Los hombres, al igual que yo, nos sorprendimos ante la aparición de nuestro viejo sacerdote; ¿podría ser él?

Mostrando cansancio, se sentó en el suelo, se quitó el sombrero, colocándolo a la altura del corazón y, mirando hacia la pequeña capilla, dijo en voz alta:

- ¡La casa de mi Padre está más hermosa que cuando la salí!

Mis hermanos en Cristo, muchas gracias por haber velado por el santuario de nuestro Padre, si me dejan quedarme aquí volveré a velarlo y a ustedes en su nombre. No se imaginan cómo soñé con este día. En la cárcel perdí toda esperanza de volver a verlos, y; sin embargo, por voluntad del Padre estoy aquí... Sí, aquí estoy, gracias Dios, gracias hermanos míos.

Recibimos a nuestro sacerdote con mucho cariño y respeto, pues siempre respetó nuestras leyes y costumbres religiosas. Nunca le dijo a nadie: ¡tu fe está equivocada!

A nosotros nos dijo: "Dios es Padre en todas partes. Lo que diferencia nuestras alabanzas a Dios es solo nuestra cultura."

Nos reveló toda su agonía, la muerte de sus compañeros, las traiciones que sufrieron entre ellos. Me recordó que entre nosotros, los negros también traicionaban a otros negros. El hombre blanco no fue diferente, también traicionó a su hermano.

Nos mostró algunas cicatrices repartidas por su cuerpo, que Brasil parecía estar en guerra en cualquier momento. Estallaría una catástrofe. Nos habló de la situación en la que vivían los esclavos, peleas, luchas y muchas fugas entre ellos. Comenzaron a liberarse sin carta de manumisión, huyeron en grupos y fundaron quilombos esparcidos por aquí y por allá.

Los amos fueron perdiendo el control de la situación, había fincas enteras que estaban pobladas por hermanos, es decir: casi todos los hijos eran del mismo padre - el criador -; se estaban rebelando y los amos estaban perdiendo fuerza, la población negra superaba en número a la población blanca.

Brasil ofrecía ventajas y más ventajas a cualquier extranjero blanco que quisiera probar suerte. Los padres negociaron el matrimonio de sus hijos con niñas extranjeras. La trata de esclavos disminuyó y los blancos perdieron fuerza. Había organizaciones secretas en las que blancos y negros libres se reunían para negociar las vidas de los esclavos. El movimiento crecía día a día, las autoridades iban perdiendo el control, los negros avanzaban; según la predicción del sacerdote, los días de la esclavitud estaban contados.

Volviéndose hacia mí, dijo:

- Luís, tus antiguos amos me ayudaron. Estos amos, que hoy son los brazos fuertes del movimiento de liberación de esclavos. Tan pronto como fui absuelto, inmediatamente me embarqué, no para huir y esconderme, sino para intercambiar entre negros y blancos en este movimiento de liberación. Como dicen tus dioses, debo tener sangre negra, no descansaré ni un solo minuto de luchar por la igualdad y la justicia entre los hombres. No veo un Dios blanco y un Dios negro, solo veo un Dios para todos nosotros. No podría traerte cartas escritas, Luís, pero soy una carta hablada. No podía dejar de dejarte sospechas sobre mi paradero hasta ahora. Allí muchas cosas han cambiado, la finca ya no produce tanto como antes. Los esclavos eran reducidos, es decir: morían, envejecían y ya no podían trabajar; no hubo reemplazo. Todos tus hijos siguen allí, sirviendo a los señores; los señores arreglaron matrimonios para algunas de ellas, y Ritiña me dijo que tú ya eres abuelo, por tu hijo con Nalva.

- ¿Cómo está Ritiña? - Pregunté.

- Me quedó bien, una señora menuda que está empezando a teñirse el pelo de blanco. Me dijo que guarda tus cartas bajo llave, pero que todos los días las toca y reza por ti. Todos tus hijos escucharon tus palabras, todos están orgullosos de ti. Se sienten orgullosos de saber que su padre es un hombre libre, un hombre que supo vivir y luchar; eres un héroe para ellos. Ritiña también me dijo que ella cuida el cementerio donde descansa tu familia. Me dijo que, en las noches de Luna clara, se sienta debajo de esa palmera, mira las estrellas del cielo y observa las luciérnagas que pasan a su lado y piensa en ti.

- Ahora vayamos a los mensajes de Lucien: ella te prometió que haría todo lo posible para no perder el contacto contigo, pero las cosas no son como queremos. Su hijo, ese chico fuerte e inteligente que conociste, enfermó de tuberculosis. Ella lo cuida día y noche, en esos dos años le fue imposible viajar a Francia. Pero hagamos todo lo posible para no perder el contacto, aunque las noticias tarden un poco en llegar. Ella está bien, solo que muy preocupada por su hijo, y su padre, tu antiguo amo, ahora establece su hogar permanente en Brasil. Dijo que estaba viejo y cansado y que por eso ya no podía hacer esos viajes largos.

Te envió muchos recuerdos y también un regalo que está guardado en mi baúl. De hecho, me arriesgué, pero traje los regalos que te enviaron Lucien y, Ritiña.

Sacó el baúl y lo abrió; a su costado había un estuche de terciopelo rojo que nunca soñé tener en mis manos y otros dos paquetes.

- Puedes abrirlo - dijo el sacerdote.

El estuche rojo contenía una navaja tallada en oro y plata. Era de mi antiguo amo, me quedé asombrado, porque conocía esa pieza. Entonces el sacerdote dijo:

- Dijo que ya no se afeita la barba, ahora tiene una barba larga y blanca, así que decidió regalártela.

Lucien me envió una camisa completamente confeccionada y bordada a mano, una reliquia. Ritiña me envió un puñado de semillas de claveles y varias flores que esparcí por todo nuestro pueblo; hasta el día de hoy, las semillas enviadas por ella decoran y embellecen nuestra tierra, alimentando pájaros, mariposas y abejas. También me envió unos paños bordados en punto de cruz que representan frutas, pájaros y flores.

¡Me alegré de recibir tantas cosas buenas y la noticia de ser abuelo! Simplemente me entristeció enterarme de la situación del hijo de Lucien.

El sacerdote retomó su vida en la iglesia, nos beneficiamos de su regreso, ya que nos enseñó muchas cosas nuevas sobre el cultivo de la tierra. Habló de sus experiencias con Dios y nos animó con sus palabras de esperanza. Caminó incansablemente por el barrio instruyendo y animando a nuestra gente. Desde que regresó, todos los sábados venía a ver nuestro trabajo, era un motivo de orgullo para nosotros. Y los domingos íbamos a asistir a su misa; Desde los mayores hasta los más pequeños del pueblo había una cita programada para el domingo: misa.

Pasaron así tres años: recibí noticias de Brasil dos veces durante ese período. Mis hijos eran mayores, Miguel era un niño pequeño, Joana ya emergía como un capullo de rosa entre niña y mujer.

Enterré a dos miembros más de mi familia, pero el consuelo siempre llegaba con las palabras de los guías y de nuestro sacerdote: me parecía muy cansado. En los últimos días noté que jadeaba, le preparé algunas hierbas y le recomendé que las tomara adecuadamente, pero no vi mucha mejoría.

Como todo lo escrito por Dios, no lo podemos borrar. Dos meses después nuestro sacerdote se cayó de la cama y nunca más se levantó. Hicimos todo por él, pero no sirvió de nada. Fue elegido por Dios y lo lloramos mucho.

Con la muerte del sacerdote se acabó para nosotros el contacto con el mundo exterior. Llegó el invierno y llegó el verano y nunca más volví a saber de quienes formaban parte de mi vida. Miguel se casó, construyó una casa cerca de la nuestra; Joana y Luiza también se casaron y se fueron a vivir a otro pueblo vecino al nuestro. Mário se preparaba para casarse y Silvério era quien se ocupaba de todo; siempre tuvo una habilidad especial para administrar negocios.

Pasé la mayor parte del día caminando entre el pomar y la huerta, preparé algunas medicinas para los enfermos y caminé lentamente, mis fuerzas ya no me ayudaban a hacer esfuerzos físicos.

Mi cabello era casi todo blanco, también me dejé crecer la barba, pero aun conservaba el estuche rojo con la navaja, regalo de mi amo, y la camisa bordada a mano que me regaló Lucien como reliquia. Las flores de Ritiña, como la conocieron entre nosotros, cubrieron todo el pueblo. Estaba orgulloso de todo esto.

Un día decoré y enriquecí nuestro pueblo con los frutos del aceite de palma, ahora nuestro pueblo estaba decorado con las flores de Ritiña. Cómo desearía poder decirle eso. Se hizo famosa en nuestro pueblo, las flores más hermosas del pueblo eran las flores de Ritiña. Nació mi primer nieto, hijo de Miguel. Dalva, toda orgullosa, lo puso en mis brazos y dijo:

- ¡Mira, Luís, qué niño más bonito! ¿No se parece a nuestro Miguel cuando nació?

- Miré a mi nieto y no pude contener las lágrimas; pensé en cuántos nietos debo tener sin poder tocarlos, ni siquiera verlos.

Dalva, entendiendo lo que me pasaba, me golpeó en la espalda y me dijo:

- No llores Luís, Dios te dio este para que lo abraces. Y dentro de tu corazón ama a todos los que están lejos…

Los días y las noches se me hacían demasiado largos, ya no soñaba como antes. Rara vez bajaba la colina para celebrar con nuestra comunidad, las fiestas que seguían realizándose según nuestras costumbres. Las piernas ya no ayudaban. Cuando iba a la plaza de la iglesia siempre iba montado en mula. La iglesia ahora era cuidada por nuestras mujeres, rezaban sus rosarios, hacían sus penitencias, seguía siendo un lugar sagrado, tanto como el terreiro de nuestros orixás.

Hice cuentas, habían pasado más de treinta años desde que salí de Brasil, seguramente todos me habían olvidado. ¿La granja todavía pertenecía a los amos? ¿Habían vendido a mis hijos y nietos? ¿Ritiña aun vivía? Ojalá pudiera al menos soñar con ella. Si estuviera viva, sería como yo, una anciana de pelo gris y cansada. Es curioso, no podía imaginarla vieja, mantuve su apariencia de joven.

Silvério también se casó, cada uno de mis hijos hizo su hogar cerca de mí; le dije a Dalva:

- Bueno, amado mío, los dos estamos nuevamente solos, como empezamos nuestras vidas.

Dalva me estrechó la mano y respondió:

- Nosotros somos felices, y los que son felices resisten y superan todo. Superemos la carencia de nuestros hijos viviendo unos para otros.

Al año siguiente, una noche de pleno invierno, Dalva se despertó con fiebre alta, dolor de cabeza y mareos. Corrí a prepararle un té con hierbas y raíces adecuadas para tal fin. La fiebre bajó, ella durmió un poco y yo me tranquilicé dando gracias a Dios. Solo pensar que algo podría pasarle me hacía doler por dentro; le pedí a Dios con todo mi corazón:

- Señor, por favor no lleves a Dalva antes que a mí, llévame a mí primero. Soporté todo en esta vida, me alejé de quienes amaba y resistí por ella, pero sin ella no podía soportar vivir.

Horas más tarde, se despertó delirando, la fiebre había vuelto a subir. Pasé el resto de la noche peleando con ella. Llegaron nuestros hijos, toda la comunidad vino a ayudarnos, nuestros guías nos cuidaron a ellos y a mí.

Lloré inclinado sobre la cama, no quería comer, no quería nada, necesitaba salvar mi vida, que era Dalva. "Dios no puede hacerme esto", exploté en voz alta.

Mis hijos me apoyaron, me animaron, pidiéndome calma y fe. Así que luchamos contra la enfermedad durante ocho días y, finalmente, ganó la muerte. ¡Dalva falleció ahí mismo, frente a mí, sin que yo pudiera hacer nada!

Ni siquiera puedo decir cómo me sentí ese día, hasta el día de hoy no he encontrado palabras que puedan describir mis sentimientos de tristeza y desesperación.

- Dios se llevó mi alma, mi corazón, ¿por qué no me llevó para siempre?

Lo que quedaba de mí era solo la conciencia de lo que todavía estaba en un cuerpo vivo que no quería vivir.

Ya no quería nada, lo único que quería era morir y acabar de una vez por todas con todo el sufrimiento llamado vida. Intenté orar, pero un dolor invadió mi alma. Dios no tuvo piedad de mí, superé todas las pérdidas e injusticias de mi vida, pero perder a Dalva fue la mayor de todas.

Y así, viviendo por vivir, todos los días iba al cementerio y me quedaba allí horas y horas mirando al espacio y escuchando solo el eco del viento. Ha pasado un año desde la muerte de Dalva.

Una tarde estaba sentado en mi hamaca, mi hijo, mi nuera y los dos nietos intentaban animarme con sus juegos. Mi nieto mayor gritó:

- ¡Mira papá, mira abuelo, que viene gente!

Mi hijo se dio vuelta y dijo:

- Es verdad papá, aun están lejos, pero ya se ve. Hay dos hombres blancos y tres hombres negros.

- ¡No me gusta esta historia que los blancos vienen tanto aquí a nuestro pueblo, todas las semanas! Dicen que vienen a comprar nuestras telas, no sé… - comentó mi nuera, recelosa.

- Bueno, Lúcia, esperemos a ver qué quieren - respondió mi hijo.

Permanecimos en silencio, ya no podía ver de lejos, mi vista estaba débil. Mi nieto corrió y entró en la hamaca abrazándome.

Llegaron los hombres y dijeron buenas tardes; uno de ellos le preguntó a mi hijo:

- ¿Está aquí el señor Miguel?

Mi hijo respondió:

- Soy Miguel.

- Perdón, quería decirle, señor Luís Fernando - dijo el hombre blanco.

- Luís Fernando es mi padre, el señor que está en la red - dijo mi hijo Miguel.

- Bueno, Miguel, lo que me trajo aquí son cuestiones familiares. Hace una semana que llegué de Brasil, soy el hijo de Lucien y este es mi tío.

Conocimos a tu padre cuando éramos muy pequeños, pero todavía recuerdo algo de sus rasgos.

¡Como si una fuerza misteriosa tomara control de mí, me levanté de inmediato!

- Dios mío, ¿está aquí el hijo de Lucien? ¿Ella está bien? ¿Dónde está ella?

El joven se me acercó y me abrazó diciendo:

- Mi madre está bien, se quedó en Brasil.

Creo que después de la muerte de Dalva fue la primera vez que sonreí. Al mirar al hermano de Lucien, recordé el abrigo que me regaló. Me abrazó sonriendo.

Miré a esos tres negros y sentí una punzada en el corazón. ¿Quiénes serían? Me recordaron rostros familiares y queridos.

- Te traje una sorpresa, pero no deberías emocionarte demasiado - Tomó un vaso de agua que le ofreció mi nuera y me lo dio a beber -. No te pongas nervioso, estos tres muchachos son tus hijos. No necesitaba preguntar nada, el corazón de un padre no se puede equivocar, abracé a mis tres hijos a la vez, lloré con tanta alegría, que solo quien pasa por un momento así puede entender lo que es llorar con alegría.

Lloraron agarrándose de mí. Cuando nos separamos, me senté en la hamaca y ellos se arrodillaron a mi lado. Miré a cada uno de sus rostros, mis hijos, mis hijos...

- Miguel, hijo mío, abraza a tus hermanos. Toma la bendición de tu tío -. le grité a mi nieto -. ¡Llama a los demás! - Le grité a mi nuera.

- ¡Mis hijos están aquí! ¡Mis hijos están aquí! - No podía dejar de gritar en voz alta.

- Papá - me llamó uno de ellos -. ¡Ni siquiera preguntaste nuestros nombres!

- Es verdad hijo, estoy tan emocionado que ni siquiera me acordé de preguntar sus nombres.

Señalando uno, dijo:

- Este es Pedro, hijo de Nara; Carlos, el hijo de Macu; y yo soy Juan, el hijo de Nalva. Padre, traje un mensaje de cada uno de tus hijos y nietos.

¡Los tres obtuvimos la libertad, padre! Somos hombres libres. Trabajando y recibiendo ayuda de amigos en organizaciones que ayudan a liberar esclavos, ya hemos obtenido licencias de manumisión para diez de nuestros hermanos.

- Nuestros hijos, padre, nacen libres. Pronto estaremos con toda nuestra familia junta. Hoy en día, los que permanecen en la finca del amo viven prácticamente en libertad. Trabajan para él, pero son bien tratados y respetados. Pasan todos los domingos con nosotros, ellos y sus hijos.

Mis horas, que eran tan largas, ahora pasaban volando, se apresuraban, oscurecía y no quería soltar a mis hijos. Necesitaba saberlo todo y, a las pocas horas, ya sabía lo que hacían. Uno era herrero, trabajaba para el señor, el otro era capataz en la granja del señor, el otro era el vaquero del señor; en fin, eran libres, aunque todos trabajaban para el señor.

La tía Rita, como la llamaban, también quedó libre. Le hicieron una casita en lo alto del cerro que a ella le gustaba; criaba gallinas, cerdos, cabras y elaboraba dulces y snacks salados. Las Siñás compraban todo lo que ella hacía, así que tía Rita tenía todo. Tenía el pelo blanco, pero caminaba mucho y gozaba de buena salud.

El hijo de Lucien me dijo que ella y su marido eran los nuevos dueños de la finca. Él y su esposa permanecieron más en la ciudad que en la granja, Lucien exigía mucho su presencia en los negocios, pero él tenía un compromiso honorario con el "Tratado de Liberación" y trabajaba en la organización, en la que ocupaba un alto cargo.

Por la noche mi casa estaba llena. Había hijos, nueras, yernos, nietos, sobrinos, amigos, todos querían ver de cerca a mis hijos brasileños. Los hermanos se abrazaron, se emocionaron, nunca pensé que la sangre tuviera tanta fuerza. Observando el encuentro de mis hijos descubrí que, incluso hermanos de diferentes madres y criados por separado, cuando se encuentran la sangre fluye por sus venas.

"¡Oh! Dios – pensé –, si Dalva estuviera aquí, qué feliz sería conocer a mis hijos y ver la alegría de los hermanos abrazándose por primera vez."

Al otro día mis hijos paseaban por la zona; los hermanos los llevaron a conocer todas nuestras tierras, les mostraron el lugar donde fuimos capturados su abuelo y yo.

Se emocionaron al ver el mortero que mi padre nunca hizo, sino que dejó el tronco en el suelo.

El tiempo pasó volando para nosotros, los acompañé al cementerio donde descansaban nuestros familiares muertos, les mostré la tumba de mi madre, mi abuelo, hermanos, tíos y finalmente, llorando, les mostré dónde había enterrado a Dalva.

- Fueron ella, mis hijos, quienes me ayudaron a vivir, estoy aquí porque de ella recibí mucha fuerza, y mucha luz para caminar. Ella fue, es y será por siempre el gran amor de mi vida. Ella es mi estrella Dalva.

Mi hijo con Nalva se arrodilló ante la tumba de Dalva y habló en voz alta:

- No te conocí en persona, pero puedo sentirte en mi corazón, basta con mirar a mi padre, para saber quién fuiste en su vida. Muchas gracias por la felicidad que le diste a nuestro padre, gracias a ti encontramos un hombre lúcido, amoroso, que aun puede llorar de amor. Como decía tía Rita, los ángeles descienden y ascienden en cualquier lugar. Mi padre encontró ángeles en su infancia, ángeles en su juventud, ángeles en todos los lugares a los que iba, pero el ángel al que abrió su corazón como hombre estaba contigo, que Dios te guarde siempre en la luz.

Me sentí orgulloso de escuchar las palabras de mi hijo. Se había parecido a Nalva, ella era sabia, amable y bondadosa. Los otros dos tocaron con las yemas de los dedos el suelo del foso y se santiguaron en señal de respeto.

Por la noche, alrededor de la mesa que mi padre había tallado, admirábamos la pieza. El hijo de Lucien dijo:

- Bueno, Miguel - perdón, Luís -, ¡mi madre solo te llama Miguel! Te vinculo con Miguel y nunca con Luís.

Vinimos aquí con un propósito: nos gustaría llevarte a Brasil a caminar, conocer a tus hijos, conocer a tus nietos y extrañar a tus amigos. Pensábamos que encontraríamos a tu esposa aun viva, ya habíamos planeado llevarla a ella también, pero lamentablemente ya no está aquí, ¡así que vamos a llevarte a ti! La ruta es más corta, hoy tardamos la mitad de tiempo en llegar a Brasil. El barco bien equipado ofrece total seguridad y comodidad. ¡Las cosas allí han avanzado tanto que ya no reconocerás nada! La población ha aumentado mucho, hay gente de diferentes partes del mundo que han construido casas con mucho mimo. El lujo y el confort ya son parte del estilo de vida brasileño.

Negué con la cabeza y dije:

- Hijitos míos, ¿qué voy a hacer en Brasil? Estoy viejo, no puedo caminar como antes, me voy a quedar aquí esperando que Dios me llame al lado de los que ya fallecieron. Moriré feliz. Conocí a mis hijos, sé que los demás niños caminan hacia la libertad; si muriera hoy sería feliz, muy feliz.

- Papá, puedes venir con nosotros sin miedo, las cosas han cambiado mucho, ya no necesitamos esperar años para obtener una licencia. Las investigaciones secretas han terminado, Brasil tiene un tratado de paz con Portugal y ha abierto sus puertas a Francia. Cada semana, barcos llenos de estudiantes, turistas y comerciantes van y vienen desde Francia directamente a Brasil, ya no es necesario dar la vuelta a las ciudades de Portugal.

Mis hijos angoleños, mis hermanos y amigos me convencieron de seguir viajando con mis hijos brasileños. Al mismo tiempo que temía ir, mi corazón parecía gritar dentro de mí: "¡Vete! ¡Ve!" Recomendando esto y aquello a mis hijos, preparé mi baúl, metí en la maleta mi camisa bordada; ya no me quedaba bien porque había engordado, pero la llevé para enseñársela a Lucien.

Tomé mi navaja y la examiné en mis manos. Por instinto, me afeité la barba blanca.

Cuando Miguel entró y me vio soltó un silbido de asombro:

- ¡Papá, retrocediste diez años! - Todos me elogiaron, estaba emocionado de ir con ellos.

Colocamos nuestros baúles de viaje, yo llevaba los rostros de toda la familia tallados en madera, mi hijo Mário se parecía a mi padre, era artista en tallar cualquier trabajo en madera.

Hizo un cuadro en el que yo estaba en el medio, y todos mis hijos estaban alrededor, incluso su propia cara, lo cortó perfectamente. Lo envolví y lo tomé para mostrarles a los demás cómo era cada uno de mis hijos.

Tomé semillas de algunas plantaciones nuevas, como flores de besos dobladas y telas de colores, hechas por las mujeres de nuestra comunidad.

Abracé a mis hijos, a mis nietos, miré todo a mi alrededor: era un adiós, me iba por voluntad propia, ya no era un niño asustado. Volvería a cruzar el océano, volvería a pisar suelo brasileño; iba a tocar la tumba de la abuela Joana, a ver la tumba de Nalva, a abrazar a Ritiña.

Las mulas trotando por el camino me recordaron el día en que a mi padre y a mí nos colocaron en carros diferentes; yo, asustado, no sabía lo que estaba pasando; mi pobre padre, desde el primer minuto, ya sabía cuál sería nuestro destino. Definitivamente sufrió más que yo ese día.

El hijo de Lucien, dándome palmaditas en la espalda, dijo sonriendo:

- ¡Alegría, viejo! Piensa que dentro de unos días estarás bajo esa palmera: la palmera de Miguel, como la conocen, observando las luciérnagas jugando por las noches y las estrellas cruzando el cielo desde Brasil hasta África. Así nos habla mi madre de tu romanticismo. Mi madre ya te preparó una habitación en nuestra casa, pero creo que habrá pelea, ¡sé que alguien más también te preparó una habitación en su casa, la tía Rita!

Juan se unió a la conversación:

- Y en nuestra casa tienes un rinconcito preparado, pero no te preocupes papá, tendrás tiempo para estar con todos nosotros.

El viaje estuvo genial, me trataron como si fuera un noble. Mis hijos también eran bien tratados, comían y bebían con sus amos con ropa blanca. Las cosas realmente han cambiado, pensé, viéndolos beber, reír y charlar amistosamente.

Llegamos al puerto y ya había un barco esperándonos. Nos llevaron a la playa con nuestras cosas. Nos subimos a un carruaje de lujo, quedé asombrado y le pregunté a mi hijo Juan:

- ¿Qué es este lugar, hijo?

- Has estado aquí antes, ¿no reconoces nada más?

- No hijo, no reconozco nada en este lugar.

Había casas y más casas, cada una más hermosa que la otra. Gente caminando de un lado a otro, carruajes cruzando de un lado a otro.

Nos detuvimos frente a una puerta completamente blanca. Miré de un lado a otro y reconocí la montaña... Entonces fue la finca donde pasé toda mi vida como Miguel.

Estaba diferente, incluso los árboles eran diferentes. Acercándome, reconocí mi palmera, se mecía con el viento, como dándome la bienvenida.

Miré hacia el lado donde estaba el cementerio, ahora era una sábana verde, el jardín de la casa grande estaba cubierto de flores, el perfume se esparcía en el aire.

Vi mucha gente frente a la casa, mis ojos cansados ya no me permitían ver de lejos. Cuando los dos carruajes se detuvieron, bajaron mis hijos, luego los señores y, finalmente, yo.

Aun inhibido, mis hijos me ayudaron a bajar del carruaje, miré de un lado a otro, estaba rodeado de gente por todas partes.

Reconocí a Lucien. Con los ojos llenos de lágrimas me abrazó, su marido, el hombre que empleaba y cuidaba a todos mis hijos y nietos, me tendió la mano diciendo:

- Bienvenido, Miguel, esta casa es tuya.

Lucien, tomándome la mano, me señaló:

- Están tus hijos, nietos, nueras y yernos. Hay tantos que necesitas sentarte para no cansarte. Pero antes que nada, aquí hay una persona que está esperando tu abrazo.

Mi corazón saltó de alegría: era Ritiña, la reconocí de inmediato, sus ojos eran los mismos. Nos abrazamos y lloramos un rato. Ahora llegó el momento de abrazar a mis hijos y nietos. Fue una tarde llena de emociones y sorpresas. Ritiña tomó mi baúl y llamó a mi hijo Juan, diciéndole:

- Puedes pedirle permiso a la Siñá Lucien y preparar una mula para llevar a Miguel a nuestra casa. Ahí es donde debería quedarse; siempre hemos estado juntos desde que éramos niños, no sería justo separarnos ahora que somos viejos, ¿verdad Miguel?

Ese nombre sonaba tan bien dentro de mí; arecía que nunca había salido de allí. Estaba en casa, el olor de la tarde, el cielo rojo, el viento fuerte, todo me resultaba familiar.

Yo también quería estar con Ritiña. Montado en una mula, atravesé la sábana verde que cubría el cementerio de esclavos. Nos detuvimos frente y Ritiña me dijo: ´

- Todo está muy limpio y hermoso, tenemos una capilla dentro del cementerio, la Siñá y el amo la hicieron construir para nuestros antepasados. Olí las hierbas y extrañé a mi padre y a quien era un ángel en mi vida: la abuela Joana.

- Hoy es tarde, pero mañana estarás más descansado y podremos venir aquí muy tranquilamente. Ya no hay necesidad de precipitarse en nada, soy yo quien debe asegurarse de no estar soñando.

En casa de Ritiña me sentí completamente a gusto. Me estiré en el colchón de hojas secas de plátano y ella me trajo algo para quitarme el dolor y el cansancio de las piernas.

Como dos hermanos, nos quedamos hablando toda la noche; ya cantaban los gallos cuando ella me dijo:

- Trata de dormir y no te apresures a despertar mañana. Tendremos todo el tiempo del mundo para continuar nuestra conversación.

Tardé un rato en dormir, escuchaba cantar a los gallos, los búhos se comunicaban con sus cantos tristes. Vencido por el cansancio, terminé durmiendo. Pronto estaba soñando que encontraba a mi padre; Estaba de muy buen humor, vino hacia mí sonriendo y me dijo:

- Hijo, no puedes quejarte de tu suerte. Si hay hombres felices en este mundo, tú eres uno de ellos. Entonces hijo, ¿encontraste mucha diferencia en el lugar? Tu madre y yo estamos muy felices por ti.

Le pregunté:

- ¿Dónde está mi madre? ¡Necesito verla! - Me señaló una dulce joven, con una sonrisa franca.

Ella me abrió los brazos y dijo:

- Luís, hijo mío, que alegría poder abrazarte.

Mi padre me llamó y cuando me di vuelta, ¡allí estaba ella! Mi amor, mi vida, mi amor: Dalva... Ella me abrazó, yo la besé y le pregunté:

- Dalva, ¿por qué me dejaste solo?

- No te dejé Luís, por eso estoy aquí. Sigo amándote como siempre te amé. Estoy muy feliz por ti; tu felicidad es mi alegría. Disfruta cada momento de tu vida y quédate al lado de tus hijos brasileños, como lo estuviste con nuestros hijos angoleños. No te preocupes, nuestros hijos están bien, muy bien, lo sabes. Amor mío, me gustaría pasar mucho más tiempo contigo, pero no puedo ser egoísta, hay otras personas que quieren verte.

Me aferré a ella suplicando:

- ¡Dalva, por favor quédate, no me dejes! - Me besó en la mejilla y se alejó con una dulce sonrisa. Estaba desesperado, pero escuché una voz. La persona tierna y muy conocida que me llamaba Miguel, era la abuela Joana.

- ¡Miguel, hijo mío, no seas ingrato con Dios! Fíjate, hijo, qué maravilloso regalo acabas de recibir de Él. Regresaste a la tierra donde viste crecer tu corazón humano. Estás entre tus hijos, al lado de la niña que le dio esperanza: Ritiña. Conociste a su padre y a su esposa, todo esto, Miguel, es motivo para agradecer, no para llorar.

Corrí a su encuentro, la abracé como un niño que se pierde y encuentra a alguien muy amado.

- Perdóname por mi debilidad, mi ángel de luz, tienes razón, verte llena mi corazón de alegría y paz. ¿Por qué me abandonaste por tanto tiempo?

Te busqué tanto, te llamé tanto, pensé que no te volvería a ver.

- Siempre estuve a tu lado, hijo mío, no me veías porque estabas cubierto por nubes de tristeza y pena. Hoy pudiste verme porque te liberaste del telón de la tristeza y el dolor. Miguel, hijo mío, nunca abandonamos a quienes amamos; lo que sucede muchas veces es que las personas que amamos no nos permiten acercarnos a ellas. Nuestra vibración, hijo, es de luz, paz, calma, esperanza, fe, amor y confianza. Para ver a Dios necesitamos todo esto dentro de nosotros, porque Él es así y nosotros fuimos creados a Su semejanza. En la tristeza, el dolor y la rebelión no hay Dios. Dios está en el amor, el perdón, la oración, la luz y la esperanza. Así debes comportarte ante la misión que Dios te ha confiado: tu vida.

Ella me abrazó, me besó en la frente y me dijo:

- Duerme y, al despertar, piensa en cada uno de nosotros, intenta animarte para la vida. Te amamos y por eso queremos verte sonreír de nuevo - Se alejó lentamente de mí, parecía una santa rodeada de luz con una expresión serena y hermosa.

Al otro día me desperté lentamente, sin abrir los ojos, recordé el sueño. Me quedé callado, no quería abrir los ojos. Quién sabe, tal vez podría seguir soñando.

Desde que murió Dalva, nunca había soñado con ella. Fue maravilloso reunir en un solo sueño a personas tan queridas; verdaderamente mi sueño fue una bendición de Dios.

Olí café y abrí los ojos, solo entonces me di cuenta donde estaba, ¡Dios mío! Estaba en Brasil, todavía no estaba convencido, pero era real.

Me levanté y tosí. Ritiña entró en la habitación y, sonriendo, me preguntó:

- ¿Dormiste bien, Miguel?

- Demasiado, Ritiña, y tuve un sueño maravilloso.

- ¡Me alegra que estés feliz! Ven, tomemos nuestro café.

Mientras tomábamos café hablamos de mi encuentro con nuestra familia. Ritiña bajó la cabeza y me respondió:

- Miguel, de ti aprendí a ser feliz. ¿Recuerdas en el barco cómo inventaste juegos para nosotros? ¿Recuerdas el momento en que llegó el padre de Lucien?

Encontraste una manera de inventar la felicidad para que yo pudiera ser feliz. Hoy lo tengo todo, libertad, tranquilidad, ¡hasta tengo prebendas! Tengo hijos y nietos libres. ¿Por qué voy a quejarme con Dios por algo que Él me quitó, si tantas otras cosas maravillosas me dio? Sabes Miguel, a veces somos egoístas con Dios, solo queremos recibir y nunca queremos dar nada. Y todo lo que Dios nos ha dado no se pierde, está a salvo, está bien guardado; en el momento justo, en el momento preciso, Dios lo vuelve a poner en nuestras manos. Creo en Dios y nuestros orixás. Sé que un día, que está más cerca que ayer y mucho más cerca que los años que quedaron atrás, volveré a ver a mis seres queridos, solo es cuestión de saber esperar y tener confianza en la palabra del Padre.

Intercambiamos ideas sobre nuestra vida actual y lo felices que éramos en comparación con el sufrimiento de los primeros negros que llegaron a Brasil. Recordamos nuestro sufrimiento y cómo resistimos todo, creyendo exactamente lo que estaba pasando: felicidad, cambios de leyes para nuestros hijos.

Ritiña me dijo que mucha gente murió a causa de estas revoluciones por la libertad y que los movimientos cobraban fuerza cada día que pasaba.

Incluso hubo mujeres blancas y negras que se unieron al movimiento.

Dijo que había escuchado algunos rumores que estaba a punto de llevarse a cabo una reforma en el país y que los grupos que lideraban las organizaciones que liberaron la esclavitud tenían la intención de acabar gradualmente con la esclavitud. En muchas regiones ya se había prohibido a las fincas utilizar cepos y hierros para castigar a los negros.

Los castigos habían disminuido en un sesenta por ciento, y el cuarenta por ciento de los negros eran hijos de la tierra, tenían un conocimiento diferente al de los negros que venían de África.

Esto preocupó a los nobles, ya que había noticias de muchos pueblos repartidos por todo Brasil. Los negros liberados formaron quilombos y más quilombos y, entre ellos, se encontraban la mayoría de los negros fugitivos. Comenzó una guerra entre los amos blancos y los negros independientes.

Ritiña añadió:

- Gracias a Dios y a los orixás de nuestro pueblo, aquí aun logramos controlar la situación. Aunque ya hay gente pensando en huir de la finca y liberarse por la fuerza. Nosotros, los mayores y nuestros guías siempre estamos llamándoles la atención a los más jóvenes, abriéndoles los ojos que aquí nadie es maltratado, aquí vivimos dignamente, que sería injusto para nuestro señor y seguramente se enfrentarían a mucho sufrimiento. Los jóvenes se entusiasman demasiado con la palabra "libertad."

¡No sé, viejo amigo, qué piensan los jóvenes de hoy! Lo tienen todo y; sin embargo, viven inconformes.

Yo respondí:

- Creo que puedo entender lo que piensan nuestros jóvenes, Ritiña. Su sentimiento no es solo por su vida, es mucho más que eso, sueñan con un futuro libre en el que todos los hombres sean respetados sin importar el color. No estoy de acuerdo con los medios que están utilizando algunas organizaciones, aprovechando la revuelta de los negros, animándolos a rebelarse contra la esclavitud. De hecho, estas organizaciones intentan obtener ventajas sobre otras organizaciones. Las organizaciones formadas con sentido común actúan con sentido común, nunca utilizan esclavos para elevarse políticamente, todo esto lo aprendí del cura de nuestra tierra, hombre de gran sabiduría y bondad. Asistí a algunas reuniones entre blancos y negros y aprendí muchas cosas buenas de todos ellos. Empiezo a pensar que Dios me trajo aquí con algunos propósitos. Mi sangre corre por las venas de muchos negros de esta finca y no permitiré que mis hijos y mis nietos anden haciendo tonterías.

Les enseñaré a encontrar la paz y la tranquilidad en el trabajo, la familia y el respeto. Soy libre, eso no significa que sea el hombre más feliz del mundo.

Debemos sembrar las semillas de la libertad para nuestra generación futura con dignidad, fuerza y determinación, y no utilizar la violencia, ya que esto solo traerá más discordia y sufrimiento.

Ritiña me escuchó en silencio. Tan pronto como dejé de hablar, ella suspiró profundamente y dijo:

- Bueno, Miguel, noto que efectivamente has aprendido muchas cosas nuevas en todos estos años, pero veo una cosa que conservas: tu carácter. Esto es lo que debes mostrar a nuestros jóvenes: dignidad, respeto y fidelidad a nuestras costumbres ancestrales. Que vengas aquí te ayudará mucho. Me temo que nuestros señores, además de agradecerte, también esperan que puedas calmar las rebeliones que aquí se suceden constantemente.

Ritiña dejó de hablar, permanecimos en silencio unos minutos y yo volví a hablar:

- El mundo cambió mucho, Ritiña, la gente está esparcida por todas partes. Fíjate lo que nos pasa hoy: yo soy libre, tú eres libre, ¿cuándo pensábamos que estábamos disfrutando de toda esta libertad en aquellos tiempos de sufrimiento? Pasé toda mi vida soñando con ser libre y regresar a mi patria, mi sueño se hizo realidad, pero hoy me siento más cautivo que antes. Dime, Ritiña,

¿algo cambió en tu interior después de recibir tu carta de manumisión?

Ella negó con la cabeza:

- Nada, nada ha cambiado. Para ser honesto, extraño la senzala, la casa grande y los amos. Tienes razón Miguel, no es una carta de manumisión la que trae libertad a nuestra alma.

CAPÍTULO XXII
LA RECOMPENSA

Pasaron los días y comencé a reintegrarme nuevamente a lo mío. Lucien y los señores me trataron como a una familiar. Todo estuvo a mi disposición. Conseguí una mula, una vaca lechera, cerdos, gallinas y un buen terreno al otro lado del cementerio. El señor ordenó que me construyeran una casa y, a pesar de las protestas de Ritiña, me fui a vivir a mi casa.

Mis hijos me visitaban todos los días, mi casa estaba llena día y noche. Lucien no me dejaba cocinar, todos los días me enviaba desayuno, almuerzo y cena. Mis hijas, nueras y nietas limpiaban mi casa. Tenía todo lo que cualquiera podría pensar en recibir en esta vida. Muchas veces incluso le comenté a Ritiña:

- ¡Pues pasé de ser esclavo a ser rey! No sé cuál es la necesidad de tanto lujo para un viejo negro como yo.

El balcón de mi casa era grande y bien ventilado, y allí, acostado en mi hamaca o sentado en mi banco, metía muchas verdades en la cabeza de mis hijos y nietos.

Poco a poco fui concientizando a cada uno de ellos de lo que significaba luchar con dignidad, y no luchar imponiendo violencia para hacer realidad sus sueños.

Recibí muchísimos recuerdos de mis hijos en Angola. A cada uno de ellos les envié muchas cartas y muchos recuerdos de Brasil. Mi hijo Miguel siempre me decía que preguntara:

- ¿Cuándo volverás, papá? Te extrañamos, todo es genial aquí, solo te extrañamos. Vuelve pronto.

Cuando Lucien leyó estas cartas lloré y hasta sentí remordimiento al reconocer lo que sentía dentro de mí:

- "Fui feliz con Dalva, amaba a esa mujer como nunca había imaginado poder amar a alguien, pero mi vida se arraigó en suelo brasileño, crecí como hombre y como espíritu en suelo brasileño, mi alma se involucró en el ámbito brasileño."

Lucien nos leyó las cartas. Cuando terminó de leer, se quedó en silencio. Noté que me observaba y, acercándose a mí, me abrazó y me preguntó:

- Padre Miguel, ¿quieres ir a visitar a tus hijos a Angola? Mi hermano va a viajar en un mes, tú puedes ir con él y Juan, tu hijo, puede acompañarte.

Abrazándola, le respondí:

- No, hija mía, no quiero ir. Hijos míos de Angola, los tengo guardados en mi corazón. Recibir noticias de ellos, saber que están a salvo, lo es todo para mí. Deseo volver a Angola, si Dios me lo permite, cuando sea completamente libre, cuando pueda cruzar el mar sin mojarme. Luego vuelvo, porque sé que el camino será más corto para ir y regresar a Brasil rápidamente.

Mis hijos se rieron, estaban muy orgullosos de mi amor por Brasil. Es sorprendente cómo todos los nacidos o criados en esta tierra santa se aferran a ella. Hoy lo digo con certeza: Brasil es uno de los lugares más bellos del planeta, sin olvidar que hay muchas cosas en Brasil que no existen en ninguna otra parte del mundo.

Hemos oído demasiado sobre rebeliones y conflictos entre blancos y negros. El resultado fue siempre el mismo: muchas muertes, especialmente de personas negras, que no tenían armas.

El malestar creció entre los agricultores y médicos de las ciudades. Un día, hablando conmigo, me confiaron un secreto:

- Miguel, personalmente creo que la corona ya no soporta la presión de los movimientos de liberación de esclavos. Pueden estar seguros que el día de la liberación total y definitiva de los esclavos brasileños no está lejos. Me dijo que pagaba impuestos muy altos a la corona por los esclavos que poseía en su finca; dependiendo de la situación, valía la pena pagar la compensación a la corona y recibir la carta de manumisión del hombre negro, quedando libre, exento de impuestos. Tanto es así que era un dolor de cabeza poder entregar una carta de manumisión a una persona negra.

No era una ventaja para la corona tener negros libres, era un impuesto menos y un dolor de cabeza más para ellos.

- Ahora es peor Miguel, se suspende temporalmente cualquier petición para liberar a un esclavo. Por otro lado, recibimos una amnistía total de los impuestos pagados por los esclavos. Nos alientan a conservar a nuestros esclavos y no separarnos de ellos por nada. Es una forma de obstaculizar los movimientos contra la esclavitud en Brasil.

Fue entonces cuando comencé a comprender que a veces los pobres señores blancos también sufrían mucho a manos de los agentes de la ley. ¡No sabía que pagaban impuestos por nosotros! No tenía idea que para un hombre darle libertad a uno de sus hombres negros sería tan difícil y tan costoso para ellos.

El tiempo pasó tan rápido que casi no podía creer que ya habían pasado quince años desde mi llegada a Brasil. Ritiña estaba muy cansada, tenía las piernas hinchadas, tenía la vista corta, según decía. Bromeé diciendo:

- Es enero amiga, ya estamos velando aquí en tierra.

Ya tenía 91 años, estaba rodeada de nietos y bisnietos y ya tenía tataranietos. Uno de mis bisnietos liberados se graduó de médico y se casó con una muchacha blanca de ojos azules, de la ciudad. Un día, todo orgulloso, me trajo a la chica para que la conociera, bromeando con ella, le dije:

- Alice, si no fuera por este negro viejo que está aquí, no estarías con este caboclo guapo aquí a tu lado!

Muy delgada, tan hermosa que parecía más una santa, se inclinó y abrazándome respondió:

- Es verdad, si no fuera por tu bisabuelo Miguel, no estarías aquí al lado de mi Miguel.

Ese era el nombre de mi bisnieto.

Mi bisnieto, por lo juguetón que veo, se sentó a mi lado y me dijo:

- ¡Abuelo, dile a Alice cuántos hijos tuviste! Si estuvieran todos vivos, no cabrían en esta habitación.

Luego dijo:

- Alice, como no tengo el aguante de mi bisabuelo, me conformo con unos quince, ¿vale? - Ambos rieron juntos, mi bisnieto me abrazó lleno de orgullo y felicidad.

Hablaron mucho conmigo, le encantaba escuchar las historias de Angola y de mi pasado. De hecho, incluso me perdí cuando esos estudiantes no venían a visitarme, eran jóvenes que pasaban horas y horas escuchando mis historias sobre Angola, cómo fui capturado, cómo sobreviví, cómo fue mi vida. Parecían soñar y, mientras les contaba la historia de mi vida, escribían en sus cuadernos. Mi bisnieto llamó poeta a uno de ellos. Era un chico joven, delgado y muy educado.

La granja ahora estaba a cargo del nieto de Lucien. El amo falleció, Lucien fue sostenida por uno de sus compañeros, el reumatismo no le permitía caminar sola. Ritiña cumplió 93 años un mes y al siguiente ya no estaba. Me paré en su tumba, preguntándome:

- ¿Cuándo será mi turno? Mis amigos se van, yo también tengo que prepararme para irme en cualquier momento.

La tumba de mi abuela Joana se conservó, caminaba con mucha dificultad agarrándome de un bastón, aun así siempre iba al cementerio a visitar a mis seres queridos.

Caminé lentamente por el huerto de la finca, enseñé a uno y a otro cómo preparar medicinas caseras, enseñó esto y aquello, todo lo que podía enseñar, lo enseñé.

Mi nieto, que era padre de mi bisnieto, doctor, llegó un día a mi casa con una gran sonrisa y me dijo:

- Abuelo Miguel, me lo prometes.

¿Estarás a gusto con la sorpresa que te vamos a traer?

- ¿Qué sorpresa, José Carlos? ¿Qué están haciendo ustedes por mí?

Me dio un vaso de agua.

- Tómala, abuelo, es agua de cacimba.

Mis ojos nublados no me permitieron distinguir los rostros de quienes llegaban, pero pude ver algunas figuras entrando al balcón. Sentado en mi hamaca y prestando atención a quien llegaba, pregunté:

- José Carlos, hijo, ¿quién está ahí?

- Soy yo, papá, quien está aquí - respondió mi hijo Miguel, reconocí su acento.

Abracé a mi hijo y lloré de emoción. Mi nieto, al que dejé tan pequeño, ya era un hombre grande y maduro y también vino a visitarme.

- Sí, papá, ya estamos aquí... El mundo es pequeño, papá, cuando el amor es grande. Nunca dejamos de pensar en ti y siempre quise conocer a mi familia.

Ahora tenemos contacto directo con mis hermanos y sobrinos y todo se ha vuelto más fácil. El año que viene tenemos la intención de venir a visitar a todos, el mar se ha hecho más pequeño para nosotros.

¡Me trajeron tantas cosas! Mi hijo Mário talló un retrato de la familia en madera y me lo envió para que pudiera ver a cada uno de ellos. Había tantas caras nuevas que una de mis nietas me hizo llorar de emoción y añoranza. ¡Era la viva imagen de Dalva cuando era niña!

Esa noche apenas pude conciliar el sueño de lo feliz que estaba. Dios mío, yo era el hombre más feliz de este mundo. ¡Dónde has visto tanta, tanta felicidad! Si un día sufría, no había manera que pudiera compararse con tanta felicidad y alegría. Acostado en mi cama podía oír el canto de los grillos, podía oír el susurro de las hojas de las palmeras. Podía escuchar los ronquidos de mi hijo y mi nieto durmiendo en la otra habitación. Me levanté lentamente, me acerqué a la ventana y la abrí muy lentamente, para no hacer ningún ruido. Una luciérnaga pasó muy cerca de mí, la seguí mirando y rápidamente se alejó parpadeando. Miré al cielo y ya no podía ver las constelaciones de estrellas como antes. ¡Tenía miedo, ya no podía ver las estrellas!

Solo vi figuras iluminadas y sin forma. Recordé las palabras del padre Juan de Angola:

- En lugar de buscar una estrella en el cielo, fíjate en la luciérnaga que está cerca de ti. Era cierto, ahora entendí lo que intentaba mostrarme: "Nunca es demasiado tarde para darte cuenta que una pequeña luz puede ser tu guía, tu dirección." Un pequeño destello de luz que encontramos en la oscuridad puede conducirnos a la salida.

Esta es la vida de una persona encarnada, que busca una alternativa mejor en las pequeñas alegrías de su vida diaria.

Asomado a la ventana, escuchando los sonidos de la noche y la música de los grandes cantantes de la naturaleza nocturna, búhos, ranas, grillos y otras criaturas de la noche, reviví toda la trayectoria de mi vida, cada pasaje, cada persona.

Analicé la importancia de cada uno de ellos en mi crecimiento como hombre y como espíritu; todos fueron muy importantes para mí. Nunca podría entender los valores de una vida sin la participación de cada uno de mis hermanos. No sufrí nada, no perdí nada, recibí mucho de cada uno de ellos, ojalá pudiera decir lo agradecido que estoy por todo lo que hicieron por mí.

En mi ceguera, en mi locura, en mi pasión por el hombre que vivía dentro de mi carne, solo vi y reconocí la luz de aquellos que creía que me hacían bien, no me di cuenta que todas las personas que estaban involucradas en mi viaje dejó una chispa de luz al pasar.

Me acordé del sacerdote y de sus enseñanzas: solía decir que Judas Iscariote era un instrumento muy importante en la misión de

Jesucristo.

En mi corazón nunca estuve de acuerdo con él; Judas debe ser condenado y destruido, ¿dónde ha colaborado un monstruo así en la misión de Jesús, que era un hombre santo y recto? Ahora entendí sus palabras: necesitamos espíritus como Judas y espíritus como Pedro para descubrir que tenemos afinidades espirituales con ellos: somos positivos y negativos, y para equilibrarnos es necesario conocer el valor de cada uno.

Me fui a dormir muy agradecido con Dios y nuestros orixás, también entendí el papel importante que juega cada uno de ellos en nuestras vidas. Los orixás son miembros de nuestra familia que ya se graduaron de la escuela donde todavía estamos estudiando y aprendiendo. Ellos son los maestros, nosotros somos los estudiantes, el mundo es la escuela, la vida es el gran libro que nos enseña a saber quién es Dios, nuestro Gran Padre.

Mi hijo y mi nieto se fueron dejando un gran anhelo en mi corazón. Una cosa me alegraba el alma: mis hijos formaban una familia. Aunque vivían separados y en países diferentes, se amaban y estaban orgullosos de mí.

Las cosas estaban cambiando, ya no entendía el lenguaje de los jóvenes. Me asombró su comportamiento, no temían a sus amos tanto como en nuestros tiempos. ¡Los jóvenes negros ya hablaban e incluso jugaban con los jóvenes blancos! Pensé que eso era hermoso y siempre creí en la bondad de los hombres, sin importar su color. Yo mismo me he beneficiado enormemente de la amabilidad de los blancos.

El tiempo pasó, yo era tan sensible y tan frágil en mi naturaleza carnal que las pequeñas cosas me hacían llorar. La muerte de Lucien me conmovió mucho al recordar su nacimiento. En mis manos recibí esa pequeña e indefensa criatura. Luché tanto, mentí tanto, arriesgué tanto para salvar su vida; y ahora fui castigado por Dios, vi su cuerpo siendo sepultado. No quedaba nadie de mis viejos amigos, todos se habían ido. Dejaron atrás un cuerpo, una vida, un anhelo. Gasté mis días recordando a cada uno de ellos, todos jugaron un papel muy importante en mi vida. Me sentía cansado y nostálgico, extrañaba mis sueños y mis apariencias. Sentado en mi rincón, me pregunté:

- ¿Dios me ha olvidado? ¿Y mis amigos, y la abuela Joana y Dalva, y mi padre? ¿Me olvidaron también? Ni siquiera aparecieron en un sueño.

Los días y las noches una vez más no tuvieron fin, tardó tanto en amanecer y tardó tanto en pasar el día. El espíritu que está cansado y con ganas de irse se vuelve así: ansioso, angustiado, nada me hacía bien, ya no quería hablar ni jugar con nadie. Todo me aburría, lo que realmente quería era caminar, tener buenos ojos, poder trabajar, encontrarme con mis amigos, correr por la montaña, bañarme en el río, jugar con la abuela Joana, pasar horas hablando con mi padre debajo de una palmera, quería confiar mis secretos a Ritiña y Nalva. Mi corazón se aceleró de emoción al pensar en volver a verla, mi amada Dalva.

Mientras la multitud de hijos, nietos, bisnietos y tataranietos cuyos nombres y rostros sería imposible recordar se divertían celebrando mi centenario, yo estaba lejos, soñando con mi pasado, cuánto lo extraño. Curiosamente solo recordaba las cosas buenas; los malos recuerdos, el tiempo completamente borrado, sin cara de enemigo, sin dolor, sin culpa, solo vi caras amigas, brazos abiertos, seres queridos y un deseo enorme: estar con ellos...

Esa noche recuerdo que le pedí a uno de mis hijos que me llevara a la ventana. Miré al cielo y vi una estrella cambiando de lugar, me alegré mucho, ¡pude ver una estrella en el cielo!

Pronto otra luciérnaga se acercó a mí. Sonreí encantado y le dije a mi hijo:

- Hacía tiempo que no veía una estrella cambiando de lugar y una luciérnaga tan cerca.

Mi hijo me respondió:

- ¡Hoy es tu cumpleaños, Dios te dio un regalo!

Bendije a mis hijos y me acosté feliz como un niño que acaba de recibir el regalo de sus sueños. Pronto me quedé dormido, hacía mucho tiempo que no dormía tan bien.

Desperté y, todavía con los ojos cerrados, vi todo a mi alrededor. Un lugar hermoso, todo tan blanco, tan claro, me eché a reír y pensé:

- Estoy soñando... ¿Imaginas si conozco este lugar? ¡Ni siquiera podía ver tan bien! Apenas veo nada. Mantendré los ojos cerrados y quién sabe, tal vez vea a alguien que conozco en mi sueño.

Sentí una mano tocando mi cara y el olor a flores y hierbas, ese olor que me calmaba. Suspiré profundamente y pensé "Es ella, la abuela Joana."

Esa voz clara y dulce me respondió:

- Sí, soy yo, hijo mío, abre los ojos. ¡No tengas miedo, podrás volver a verlo todo! El sueño se acabó, has vuelto a la vida.

Abrí lentamente los ojos, ella estaba allí, acariciando mi rostro y sonriéndome.

- Abuela Joana, ¿eres tú?

- Sí, hijo, soy yo. ¡Fíjate qué hermoso lugar eres! Mirando alrededor de la habitación, noté que era la habitación de un amo, ¡y una de las mejores! Empecé a levantarme de la cama grande, pero ella me hizo acostarme otra vez, diciendo:

- Quédate quieto, descansa un poco más. Todavía es temprano para levantarse.

Eran muebles ricos, finas sábanas blancas, flores esparcidas en jarrones en cada rincón de la enorme habitación. Hermosas flores, que nunca antes había visto. Una enorme ventana abierta mostraba un hermoso paisaje exterior. ¿Y no estaba soñando? Entonces, ¿qué fue eso?

Besándome la frente, dijo:

- Le haré saber a la gente que estás consciente. Todos estábamos esperando este momento. ¡Gracias a Dios regresaste! Volveré pronto, quédate en silencio.

Ella salió por la enorme puerta, yo, asombrado, me pregunté:

- Qué sueño más extraño. ¡Es un sueño que no parece un sueño! Debe ser por mi vejez.

Antes de terminar de pensar en mi sueño, vi entrar a mi padre, Ritiña, mi primer amo del brazo de mi primera Siñá, Nalva, al abuelo Sebastián, al lado de ella el padre de Lucien, a mi abuelo Angola, a mi madre y a Dalva. Se estaban acercando a mí.

Fueron tantos abrazos, tantas lágrimas de alegría, tanta felicidad que olvidé que estaba soñando. La gente nunca dejó de llegar. Había tanta gente querida, tantos amigos que parecía que no tenía fin.

Abrazándome, Dalva me dijo:

- Gracias a Dios lograste terminar tu viaje con mucha dignidad. Este es el día más feliz de nuestras vidas. Ahora podemos decir: ¡juntos para siempre!

Todos hablaban, reían, era una fiesta. Llevé a Dalva a un lado y le pregunté suavemente al oído:

- Dalva, ¿qué pasa?

Ella me respondió seriamente:

- Has desencarnado, querido, estás entre nosotros. Al principio es así para algunas personas; Cuando despiertan, todavía tienen la impresión de estar en el cuerpo carnal. Pronto te reintegrarás a tu nuevo cuerpo y recuperarás tu conciencia espiritual por completo.

- Dalva, ¿quieres decir que morí?

- Tu cuerpo carnal, sí, fue sepultado en la tierra para siempre. Estás vivo, ¿has olvidado que la muerte no existe? Por ahora, todavía tendrás la sensación del cuerpo físico que te sirvió de vehículo para llegar hasta aquí;

Poco a poco podrás moldear tu cuerpo espiritual de una manera que te haga sentir bien y puedas desarrollar la obra de Dios de la mejor manera posible. Cada uno de nosotros, según nuestros créditos espirituales, podemos modelar nuestra apariencia de diversas maneras: niño, joven, mediana edad, viejo, con el color de piel, cabello y apariencia que mejor se adapte a nuestra evolución. Los encarnados y los recién desencarnados nos ven como se ven a sí mismos: con la apariencia registrada en su mente. Por ejemplo: aquí no necesitamos un espejo para vernos completamente, y cuando tú puedas verte completamente, ¡también podrás verme completamente!

En ese momento ya estaba convencido que efectivamente había muerto. Todos me miraron amablemente. Pero decepcionado por no poder asistir a mi propio funeral, dije:

- Morí esta noche después de la fiesta de cumpleaños número 100, como sospechaba. Vi una estrella cambiando de lugar y una luciérnaga cerca de mí.

La abuela Joana, abrazándome, respondió:

- Hijo, llevas meses con nosotros en la tierra; Esa noche te acostaste y ya estabas rodeado de rescatistas esperándote. Tu muerte fue muy rápida, sin dolor ni sufrimiento, tu cuerpo fue enterrado junto al mío. Ese era tu deseo y tus hijos lo cumplieron. Hoy comienza una nueva vida para ti y para todos nosotros. A partir de ahora, cerremos nuestro flujo de trabajo. Solo estábamos esperándote para iniciar un nuevo viaje por tierra. Resolvamos tu primera duda en esta nueva vida: ¿con qué nombre podemos llamarte? Tiene una lista de nombres que te pertenecían, siempre queda a criterio del usuario, en las condiciones en las que se encuentra, libre, decidir el nombre que será bautizado y confirmado espiritualmente.

Pensé mucho y respondí:

- Quiero ser llamado, bautizado y reconocido como: Padre Miguel de Angola, ¡no confundir con los Miguel de Brasil! - Fue solo una risa.

Conmovido recordé lo mucho que fui amado, adoctrinado, preparado y lo feliz que era como Miguel, y encima había dejado en Angola un hijo llamado Miguel, nietos, bisnietos y tantos otros hijos que sus padres orgullosamente le dieron ese nombre, precisamente porque admiraban mi carácter, mi valentía y mi dignidad como hombre. En poco tiempo había recobrado el sentido; Reanudé mis deberes en la Colonia. Como investigador del retraso del alma en llegar a la luz, me propuse realizar una dolorosa investigación sobre la carne, atravesar los tormentos de la esclavitud humana. Había detectado que teníamos muchos casos de retraso espiritual entre espíritus esclavizados en la carne.

Para desarrollar y aplicar cualquier tratamiento para estos casos era necesario conocer de cerca las consecuencias. Recibí autorización y logré alcanzar mis objetivos.

Un grupo de amigos se sumaron a mi proyecto: todos mis amigos espirituales eran los que formaban parte de mi vida carnal.

Mi querida abuela Joana siempre había sido mi luz, Ritiña, mi hermana pequeña, Dalva mi compañera inseparable. Mis antiguos amos y muchos miembros carnales de mi familia: mis compañeros de investigación. Mis padres y abuelos: mis asistentes. Una legión de otros espíritus amigos vinculados a nuestra causa, entre ellos Silvério y el sacerdote.

Estábamos juntos nuevamente, ¡nuestro trabajo fue un éxito!

Mis descendientes carnales que dejé en la tierra, cada uno de ellos, recibió una tarea muy grande. Muchos han conquistado su libertad, otros todavía tendrán que luchar duramente por ella: cuando hablo de libertad, es el retorno a la verdadera vida, es el retorno a la vida familiar en el ámbito espiritual.

Todavía estaba en la etapa en la que necesitábamos recibir el tratamiento adecuado para recuperar los sentidos, cuando Joana me dijo:

- Miguel, los últimos serán los primeros y los primeros serán los últimos. Recuerda que fui delante de todos, fui la primera en despedirte aquí en la Colonia y la primera en recuperarte. ¡Prométeme que le pedirás a nuestro coordinador que me lleve contigo en toda tu investigación en la Tierra!

- Joana - ella también quería seguir como Joana -, mi misión en la Tierra no será tan fácil como parece. Como Luís o Miguel de Angola, recibiré varios cuerpos en la carne, esta vez tomaré prestados varios cuerpos carnales por algún tiempo. Noten mi responsabilidad en preparar, instruir y animar a tantas personas, algunas de ellas enfermas de corazón, con síntomas que varían desde la lujuria, la vanidad, la avaricia, los espíritus vengativos y rencorosos, etc. Si logro ajustar algunos, a través de ellos trabajaré para equilibrar a otros encarnados.

- Quiero intentarlo. A tu lado sé que puedo desarrollar muchas cosas - dijo Joana.

Allí, en el patio del balcón de nuestra Colonia, mirando al cielo y viendo las estrellas cruzar de un lado a otro, acepté pedirle a nuestro superior que llevara a Joana conmigo en el nuevo trabajo en la Tierra. Hoy llevamos a cabo nuestro trabajo para apoyar y alentar a muchas criaturas necesitadas en varias partes del mundo, en diferentes idiomas.

Nos resulta muy difícil establecer contacto directo con los llamados médiums. Algunos se consideran privilegiados, otros sufren, algunos indecisos. Muchos hijos de Dios olvidados utilizan su "don" como medio para ganarse la vida, utilizando el nombre de los espíritus para vender falsedades. Nunca utilizamos un médium para quitar recursos ni de los ricos ni de los pobres. La caridad no se vende ni se intercambia. Pero, con la gracia de Dios, tenemos nuestros fieles médiums, aquellos que se pulen y trabajan para transmitir las obras de Dios. Hay tantos médiums buenos y fiables que nos sentimos recompensados por todo.

Siempre bromeo con mis hijos en la Tierra cuando digo:

- Vives rodeado de muchos Judas, pero tienes el triple de Pedros que te ayudan a transmitir la buena noticia del Padre Mayor.

En Brasil me siento muy cómodo, vuelvo a ser el niño Miguel, sobre todo cuando me encuentro entre mis descendientes de carne, sangre, huesos y fe: la emoción es demasiado fuerte. A veces, sentado en mi rincón, miro a esos hermosos niños y niñas de ojos blancos, cabello verde, azul, liso y rizado; ni siquiera sueñan con ser mis descendientes. Me río y me divierte la sabiduría de Dios.

La sangre brasileña es una mezcla de religiones, nacida del amor y la unión entre blancos y negros. Por respeto a los niños que se encuentran en esta tierra, los indios, ellos son los padrinos de Brasil, quiero expresar mi agradecimiento a todos sus descendientes.

Soy parte integral de una organización espiritual que crece como una palmera: ¡muy rápidamente! Pronto sus frutos serán llevados a los cuatro rincones del mundo.

Hemos formado una gran legión de trabajadores voluntarios, que, si de nosotros depende, será tan grande como lo es nuestro querido Brasil.

A ustedes, mis amados hijos, quiero decirles con mis simples y humildes palabras - palabras de un anciano negro:

- Tengan fe, tengan esperanza, busquen la salida a la luz de una luciérnaga, luchen con perseverancia y coraje, pero siempre usa la dignidad y el respeto hacia tu prójimo.

Antes de juzgar, investiguen; antes de condenar, analicen.

Recuerden las semillas de palma, nosotros también somos parecidos a ellas. Reflexionen sobre las comparaciones entre las estrellas y las luciérnagas. Piensen en lo provechoso que fue todo mi sufrimiento en la carne, ¡cuánto aprendí! El hecho de haber aprendido tanto en la Tierra es lo que me permite volver a ella enseñando. Yo digo: Cada gota de sangre que corre por sus venas es, para mí, un premio de la vida. Tú me representas en el cuerpo, yo te represento en el alma...

Créanme, mis amados hijos, la Ley del Retorno existe para todos nosotros. Fui a la Tierra en una condición muy diferente a la que me encuentro hoy, fui como estudiante y aprendí.

Hoy, como maestro, enseño; y cada maestro aprende más de lo que realmente enseña: yo aprendo todos los días.

Fui cautivo en la carne, pero libre en el espíritu, por eso quisiera que ustedes, mis hijos blancos y mis hijos negros, leyeran con mucha atención la historia de mi vida como Luís Fernando o

Miguel, y compararan mis dificultades en ese momento con las suyas, dificultades hoy en día.

¡Hijos míos, tengan cuidado con la libertad que recibieron de Dios! La vida física es solo un breve paso, todo termina, todo se vuelve olvido y polvo, pero el espíritu regresa a su patria, y sin luz nunca encontrará el camino de regreso.

La vida es un misterio muy grande. Incluso para aquellos a quienes no les gusta la vida y no desean vivir no pueden destruir este secreto de Dios. No podemos destruirlo, pero debemos sostenerlo y preservarlo para el gozo del Padre.

Mi bendición, en nombre de Dios, para todos ustedes, hijos e hijas de mi amado Brasil y de otras tierras lejanas.

    FIN

Grandes Éxitos de Zibia Gasparetto

Con más de 20 millones de títulos vendidos, la autora ha contribuido para el fortalecimiento de la literatura espiritualista en el mercado editorial y para la popularización de la espiritualidad. Conozca más éxitos de la escritora.

Romances Dictados por el Espíritu Lucius

La Fuerza de la Vida

La Verdad de cada uno

La vida sabe lo que hace

Ella confió en la vida

Entre el Amor y la Guerra

Esmeralda

Espinas del Tiempo

Lazos Eternos

Nada es por Casualidad

Nadie es de Nadie

El Abogado de Dios

El Mañana a Dios pertenece

El Amor Venció

Encuentro Inesperado

Al borde del destino

El Astuto

El Morro de las Ilusiones

¿Dónde está Teresa?

Por las puertas del Corazón

Cuando la Vida escoge

Cuando llega la Hora

Cuando es necesario volver

Abriéndose para la Vida

Sin miedo de vivir

Solo el amor lo consigue

Todos Somos Inocentes

Todo tiene su precio

Todo valió la pena

Un amor de verdad

Venciendo el pasado

Otros éxitos de Andrés Luiz Ruiz y Lucius

Trilogía El Amor Jamás te Olvida

La Fuerza de la Bondad

Bajo las Manos de la Misericordia

Despidiéndose de la Tierra

Al Final de la Última Hora

Esculpiendo su Destino

Hay Flores sobre las Piedras

Los Peñascos son de Arena

Otros éxitos de Gilvanize Balbino Pereira

Linternas del Tiempo

Los Ángeles de Jade

El Horizonte de las Alondras

Cetros Partidos

Lágrimas del Sol

Salmos de Redención

El Hombre que había vivido demasiado

Libros de Eliana Machado Coelho y Schellida

Corazones sin Destino

El Brillo de la Verdad

El Derecho de Ser Feliz

El Retorno

En el Silencio de las Pasiones

Fuerza para Recomenzar

La Certeza de la Victoria

La Conquista de la Paz

Lecciones que la Vida Ofrece

Más Fuerte que Nunca

Sin Reglas para Amar

Un Diario en el Tiempo

Un Motivo para Vivir

¡Eliana Machado Coelho y Schellida, Romances que cautivan, enseñan, conmueven y pueden cambiar tu vida!

Romances de Arandi Gomes Texeira y el Conde J.W. Rochester

El Condado de Lancaster

El Poder del Amor

El Proceso

La Pulsera de Cleopatra

La Reencarnación de una Reina

Ustedes son dioses

Libros de Marcelo Cezar y Marco Aurelio

El Amor es para los Fuertes

La Última Oportunidad

Nada es como Parece

Para Siempre Conmigo

Solo Dios lo Sabe

Tú haces el Mañana

Un Soplo de Ternura

Libros de Vera Kryzhanovskaia y JW Rochester

La Venganza del Judío

La Monja de los Casamientos

La Hija del Hechicero

La Flor del Pantano

La Ira Divina

La Leyenda del Castillo de Montignoso

La Muerte del Planeta

La Noche de San Bartolomé

La Venganza del Judío

Bienaventurados los pobres de espíritu

Cobra Capela

Dolores

Trilogía del Reino de las Sombras

De los Cielos a la Tierra

Episodios de la Vida de Tiberius

Hechizo Infernal

Herculanum

En la Frontera

Naema, la Bruja

En el Castillo de Escocia (Trilogía 2)

Nueva Era

El Elixir de la larga vida

El Faraón Mernephtah

Los Legisladores

Los Magos

El Terrible Fantasma

El Paraíso sin Adán
Romance de una Reina
Luminarias Checas
Narraciones Ocultas
La Monja de los Casamientos

Libros de Elisa Masselli
Siempre existe una razón
Nada queda sin respuesta
La vida está hecha de decisiones
La Misión de cada uno
Es necesario algo más
El Pasado no importa
El Destino en sus manos
Dios estaba con él
Cuando el pasado no pasa
Apenas comenzando

**Libros de Vera Lúcia Marinzeck de Carvalho
y Patricia**

Violetas en la Ventana

Viviendo en el Mundo de los Espíritus

La Casa del Escritor

El Vuelo de la Gaviota

**Vera Lúcia Marinzeck de Carvalho
y Antonio Carlos**

Amad a los Enemigos

Esclavo Bernardino

la Roca de los Amantes

Rosa, la tercera víctima fatal

Cautivos y Libertos

Deficiente Mental

Aquellos que Aman

Cabocla

El Ateo

El Difícil camino de las drogas

En Misión de Socorro

La Casa del Acantilado

La Gruta de las Orquídeas

La Última Cena

Morí, ¿y ahora?

Las Flores de María

Nuevamente Juntos

Libros de Mônica de Castro y Leonel

A Pesar de Todo

Con el Amor no se Juega

De Frente con la Verdad

De Todo mi Ser

Deseo

El Precio de Ser Diferente

Gemelas

Giselle, La Amante del Inquisidor

Greta

Hasta que la Vida los Separe

Impulsos del Corazón

Jurema de la Selva

La Actriz

La Fuerza del Destino

Recuerdos que el Viento Trae

Secretos del Alma

Sintiendo en la Propia Piel

World Spiritist Institute

www.ingramcontent.com/pod-product-compliance
Lightning Source LLC
LaVergne TN
LVHW041801060526
838201LV00046B/1077